Tagesgebete – nicht nur für den Gottesdienst

gemeinsam gottesdienst gestalten
Herausgegeben von Jochen Arnold,
Michaeliskloster Hildesheim,
Evangelisches Zentrum für Gottesdienst und Kirchenmusik
der Ev.-luth. Landeskirche Hannovers
Band 4

Jochen Arnold | Fritz Baltruweit | Christine Tergau-Harms (Hgg.)

Tagesgebete – nicht nur für den Gottesdienst

gemeinsam gottesdienst gestalten 4
Herausgegeben von Jochen Arnold

Bibliografische Informationen Der Deutschen Bibliothek

Die Deutsche Bibliothek verzeichnet diese Publikation
in der Deutschen Nationalbibliografie;
detaillierte Daten sind im Internet über
http://dnb.ddb.de abrufbar.

© Lutherisches Verlagshaus GmbH, Hannover 2006
www.lvh.de
Alle Rechte vorbehalten
Umschlaggestaltung: Andreas Klein, stilfrei grafikatelier, Hannover,
nach einem Logo-Entwurf von hauptvogel + dittrich pre:print gmbh, Hildesheim
Gesamtgestaltung: stilfrei grafikatelier, Hannover
Typografie: Quay Sans
Druck- und Bindearbeiten: MHD Druck- und Service GmbH, Hermannsburg
ISBN 3-7859-0928-4

Printed in Germany

Diesem Buch liegt im hinteren Einbanddeckel eine Foto-CD für Bildandachten bei.

Inhalt

8 | Geleitwort

Einleitung

10 | Beten – ein spirituelles Herzstück im Gottesdienst
am Sonntag und im Alltag

20 | Das Tagesgebet – sein liturgischer Ort, seine Herkunft
und sein Potential für den sonntäglichen Gottesdienst und
darüber hinaus

27 | Teil 1: Gebete zu den einzelnen Sonn- und Feiertagen

28 | Adventszeit
32 | Weihnachtszeit
37 | Epiphaniaszeit
44 | Vorpassionszeit
47 | Passionszeit
52 | Karwoche
55 | Osterzeit
64 | Pfingsten
65 | Trinitatiszeit – Erntedank / Reformationsfest
93 | Ende des Kirchenjahres – Buß- und Bettag

99 | Teil 2: Gebete zu verschiedenen Themenkreisen

100 | **Alphabetisch**
Abend – Abendmahl – Abschied – Adventszeit – Alter(n) –
Anfang – Angst – Ankunft – Armut – Auferstehung –
(Gut) Aufgehoben – Augenblick – Barmherzigkeit – Begleitet –
Befreiung – Bekennen – Beruf(ung) – Buße – Dank – Diakonie –
Engel – Einheit (der Kirchen) – Einschulung – (Bitte um) Erbarmen –
Erinnern – Erlösung – Erneuerung – Ernte – Essen – Ewigkeit –
Feindschaft – Ferien – Nach den Ferien – Freiheit – Frieden –
Frühling – Furcht – Gaben – Geburt – Geburtstag – Geist /
Begeisterung – Gemeinschaft / Gemeinde – Gerechtigkeit –

Gewalt überwinden – Gewissheit – Glaubwürdigkeit /
Wahrhaftigkeit – Gnade – Güte – Heimat – Herbst – Himmel –
HOCH-Zeit – Hoffnung – Innehalten – Israel / Palästina –
Jahreswechsel – Klage – Kind sein – Kindergottesdienst –
Kirche – Konfirmation – Kraft – Krank – Kultur/en – Licht –
Liebe – Lob – Mission – Mitleiden – Miteinander – Mittag –
Mitte (des Jahres) – Morgen – Nachfolge – Nacht –
Ökumene – Orientierung – Prüfung – Rechtfertigung –
Reisesegen – Schule – Segen – Sinn – Solidarität – Sommer –
Sorgen – Spuren (Gottes) – Sterben – Stress – Taufe /
Tauftag – Zu Tisch – Tod – Trost – Umkehr – Umwelt –
(Miteinander) Verbunden – Vertrauen – Wahl – Wahrheit –
Weg – Weihnachten – Winter – Wort Gottes – Wunder –
Zärtlichkeit – Zeit

Kategorien

1. *Formen des Betens:* Bitte (um Erbarmen), Dank, Klage, Lob

2. *Tageszeiten:* Morgen, Mittag, Abend, Nacht, Zeit

3. *(Übergänge des) Leben(s):* Anfang, Abschied, Alter(n), Angst, Ankunft, (Gut) Aufgehoben, Augenblick, Dank, Einschulung, Engel, Erinnern, Geburt, Geburtstag, Heimat, HOCH-Zeit, Kind sein, Konfirmation, Prüfung, Reisesegen, Schule, Sinn, Sterben, Taufe / Tauftag, Wunder, Zeit

4. *Not-Situationen:* Angst, Armut, (Bitte um) Erbarmen, Furcht, Klage, Kraft, Krank, Mitleiden, Prüfung, Sorgen, Sterben, Trost, Trauer, Tod, (Miteinander) Verbunden

5. *Gemeinsam auf dem Weg:* Abendmahl, (Gut) Aufgehoben, Augenblick, Barmherzigkeit, Begleitet, Bekennen, Buße, Engel, Einheit (der Kirchen), Geist / Begeisterung, Gemeinschaft / Gemeinde, Gewalt überwinden, Kirche, Kraft, Liebe, Lob, Mission, Miteinander, Mitleiden, Nachfolge, Ökumene, Reisesegen, Segen, Solidarität, (Miteinander) Verbunden, Vertrauen, Wahrheit, Weg, Wort Gottes, Zärtlichkeit, Zeit

6. *Jahreszeiten:* Adventszeit, Anfang, Ankunft, Ernte(dank), Frühling, Ferien, Nach den Ferien, Herbst, Jahreswechsel, Mitte des Jahres, Sommer, Weihnachten, Winter, Zeit

 7. *Glaube:* Auferstehung, Anfang, Befreiung, Buße, Engel, Erlösung, Erneuerung, Ewigkeit, Freiheit, Frieden, Furcht, Gewissheit, Gnade, Güte, Himmel, Hoffnung, Kraft, Licht, Orientierung, Rechtfertigung, Segen, Sinn, Taufe, Trost, Vertrauen, Wahrheit, Wort Gottes, Wunder

 8. *Schöpfung:* Dank, Erneuerung, Essen, Gaben, Güte, Kultur/en, (zu) Tisch, Wunder, Zärtlichkeit

 9. *Leben in der Welt:* Barmherzigkeit, Befreiung, Beruf(ung), Buße, Diakonie, Feindschaft, Freiheit, Frieden, Gerechtigkeit, Gewalt überwinden, Glaubwürdigkeit / Wahrhaftigkeit, Heimat, Israel / Palästina, Kulturen, Nachfolge, Orientierung, Glaubwürdigkeit / Wahrhaftigkeit, Schuld, Solidarität, Sorgen, Stress, Umkehr, Wahl, Wahrheit

 10. *Meditation, Stille:* Ankunft, Augenblick, Erneuerung, Ewigkeit, Innehalten, Licht, Umkehr, Weg, Zeit

 11. *Kinder:* Dank, Einschulung, Geburt, Kind sein, Kindergottesdienst, Konfirmation, Schule, Taufe / Tauftag

 12. *Dank:* Dank, Ernte, Essen, Gaben, Güte, Kraft

 13. *Zu diesem Gebet finden Sie ein Bild auf der Foto-CD zu diesem Buch (siehe dazu S. 24)*

157 | **Mit dem Körper beten**
159 | 1. Vorschläge zu Gebeten aus diesem Buch
172 | 2. Weitere Vorschläge für Körpergebete

Anhang

177 | Ideenpool Gottesdienst
180 | Quellenhinweise / Autorinnen und Autoren
184 | Inhaltsverzeichnis zur Foto-CD

Geleitwort

»Vertraut den neuen Wegen, auf die der Herr uns weist!« Diese viel gesungene Liedstrophe von K. P. Hertzsch (EG 395,1) könnte ein Motto sein für das Evangelische Zentrum für Gottesdienst und Kirchenmusik im Michaeliskloster Hildesheim, das sich die Förderung und Erneuerung von Gottesdienst und Kirchenmusik zum Ziel gesetzt hat. Die Gründung dieses Zentrums wird als ein Signal der Konzentration auf die spirituelle Mitte des christlichen Glaubens und Lebens wahrgenommen.

Mit diesem Signal verbindet sich bei vielen Menschen, mit denen ich gesprochen habe, die Hoffnung auf einen geistlichen Aufbruch in unserer Kirche, der vom Gottesdienst mit seinen Sprach- und Lebensformen ausgeht.

»Vertraut den neuen Wegen!« Das heißt nicht, dass die alten Wege prinzipiell schlecht waren. Das heißt auch nicht, dass das Neue an sich schon gut ist. Neue Wege sind dann gut, wenn sie Wege Gottes sind. Wege des Dienstes Gottes, Wege, auf denen Gott uns entgegenkommt und uns dient, Wege, auf denen nicht wir selbst uns verherrlichen, sondern Ihm die Ehre geben. Nur so kann Gottesdienst ein lebendiger Dialog zwischen Gott und Menschen sein.

Ich verstehe diese Reihe mit liturgischen Texten und Themen in erster Linie als Ausdruck einer programmatischen Idee, die ich folgendermaßen beschreiben will:

- Gottesdienstliche Sprachformen, die uns vertraut sind, sollen in ihrer Tragweite und Bedeutung neu erkannt und belebt werden.
- Liturgische und musikalische Lebensformen, die uns vielleicht fremd geworden sind, sollen neu entdeckt werden und begeistern.
- Experimentelle Formen sollen auf ihre Tragfähigkeit erprobt und als kreative Impulse in die Gemeinden weitergegeben werden.

Kurz: der Gottesdienst soll als Ort der Freude und des Trostes, der Gemeinschaft und der Versöhnung neu entdeckt, erfahren und gestaltet werden.

*Ich vertraue darauf,
dass Gottes Geist hier wirken wird,
dass er unserem Singen und Sagen,
unserem Loben und Klagen
unserem Beten und Feiern
neues Leben einhauchen wird,
wo wir im Vertrauen auf ihn mutig vorangehen,
wo wir unsere Phantasie einsetzen,
wo wir unsere Herzen bei den Menschen haben
und darauf hoffen,
dass er selbst offene Türen schenken wird,
dass sein Wort tut, was es verspricht.
Dessen bin ich gewiss.*

Jochen Arnold

Einleitung

Beten – ein spirituelles Herzstück im Gottesdienst am Sonntag und im Alltag

Warum eigentlich beten?

Wenn Christinnen und Christen darauf angesprochen werden, was ihr Leben trägt und ihm Halt gibt, werden sie unterschiedliche Antworten geben. Die Einen werden sagen, dass es ihnen besonders wichtig ist, das Wort Gottes zu lesen und zu hören, Andere wollen zuerst Gemeinschaft erleben oder miteinander über den Glauben ins Gespräch kommen, wieder Andere in erster Linie gemeinsam singen oder (Abendmahl) feiern. Einige werden jedoch gewiss das Gebet, das Reden des Herzens mit Gott, als Urgestein des Glaubens benennen.

Im Gebet berühren sich Glaubenserfahrungen des Sonntags und des Alltags, des liturgischen und des »vernünftigen« Gottesdienstes, im Gebet antworten wir auf das, was wir von Gott hören, reagieren aber auch auf Erfahrungen, in denen er uns rätselhaft fern scheint. Wir danken ihm, dass er sich uns in Jesus Christus gezeigt hat, klagen ihm aber auch, dass wir ihn an vielen Stellen unserer Welt schmerzlich vermissen.

Versuchen wir, die Dimensionen des Betens und seinen Ort am Sonntag und im Alltag etwas genauer zu bestimmen:

1. Beten als Gespräch mit Gott

Im Gottesdienst dient Gott uns, und wir dienen ihm. Im Gottesdienst findet Kommunikation des Evangeliums statt. Diese liturgisch und dogmatisch so richtigen Sätze müssen entfaltet werden, sonst bleiben sie blass und formelhaft. Ich möchte diese Entfaltung in einer doppelten Weise versuchen und dabei das Gebet in besonderer Weise in den Blick nehmen:

Gott dient uns, indem er uns auf Augenhöhe anredet. Gott bückt sich zu uns herunter und sagt: »Ich bin für dich da, hab keine Angst, ich verlasse dich nicht.« Wir dienen Gott, indem wir auf ihn hören und

bekennen: »Ja, auf diese Zusage vertraue ich! Was du sagst, ist wahr.«
So beginnt ein Akt lebendiger Kommunikation des Evangeliums, einer
Kommunikation, die von Vertrauen und Offenheit geprägt ist. In
Lesungen und Predigt, Abendmahl, Liedern und Segen teilt Gott sich
uns mit und sagt: »Mit dir Mensch möchte ich gerne etwas zu tun
haben. Ich bin dein Gott.« Auf diese Anrede können wir bauen. Diese
Zusage gilt nicht nur am Sonntag, sondern auch in meinem Alltag.

Doch das ist noch nicht alles, denn Gott wartet auf die Reaktion
des geliebten Geschöpfes: Gott dient uns auch, indem er uns zu Wort
kommen lässt und uns zuhört, so, wie Eltern ihren Kindern zuhören,
wenn sie etwas auf dem Herzen haben. Wir dürfen ihm unser Herz
klagend ausschütten und ihn begeistert loben, wir dürfen ihm dankbar
sagen, dass wir uns freuen oder dass wir ihn vermissen und brauchen.
Wir dürfen ihm konkrete Sorgen bringen und für andere Menschen
eintreten. Wir können also im Blick auf den Gottesdienst von einer
doppelten Zuwendung Gottes sprechen: der seines Redens und der
seines Zuhörens. Und das Schöne ist: Die Letztere setzt sich ungebrochen fort in unserem Alltag. Gott leiht uns sein Ohr, auch dann,
wenn die Orgel verklungen und der Segen schon gesprochen ist …

2. Menschliche Gefühlsräume und Gotteserfahrungen

Im biblischen Psalter und im Vaterunser, dem Gebet Jesu, finden wir
Formulierungen, die ein großes Spektrum an menschlichen Gefühlen
und Wünschen ausleuchten, vor Gott bringen und damit einen spirituellen Weg beschreiben.

Die Vielfalt an Ausdrucksformen ist denkbar weit, sie reicht vom
Aufschrei der Klage bis zum staunenden Lob, von der bescheidenen
Bitte bis zum hymnischen Dank. Es ist daher gut, wenn wir nicht nur
das Vaterunser, sondern auch einige Psalmverse jeden Sonntag beten
und dadurch diese großen Worte in uns und in unserer Kirche lebendig
halten. Damit können wir uns an Menschen »andocken«, die schon
einmal ganz ähnliche geistliche Erfahrungen gemacht haben.

Martin Luther hat das in seiner berühmten Psaltervorrede von 1528
so formuliert: »Wo findet man feinere Worte von Freuden, als die Lobpsalmen
oder Dankpsalmen haben? Da siehest Du allen Heiligen ins Herz wie in schöne
lustige Gärten, ja wie in den Himmel, wie feine, herzliche, lustige Blumen

darinnen aufgehen von allerlei schönen, fröhlichen Gedanken gegen Gott und seine Wohltat. Wiederum, wo findest du tiefere, kläglichere, jämmerlichere Worte von Traurigkeit als die Klagepsalmen haben? Da siehst du abermal allen Heiligen ins Herz wie in den Tod, ja wie in die Hölle.«[1]

Die Sprach- und Lebensformen des Gebetes bewegen sich im Spannungsfeld von Trauer und Freude (Gegenwart) einerseits sowie Angst und Hoffnung (Zukunft) andererseits. Martin Luther hat sie als Grundaffekte des Menschseins herausgearbeitet, Gefühle, die der Heilige Geist in uns bereitet, damit wir uns dem Wort Gottes öffnen.

In derselben Vorrede schreibt er: »Denn ein menschlich Herz ist wie ein Schiff auf einem wilden Meer, welches die Sturmwinde von den vier Orten der Welt treiben. Hier stößt Furcht und Sorge vor zukünftigem Unfall; dort fähret Grämen her und Traurigkeit von gegenwärtigem Übel. Hier weht Hoffnung und Vermessenheit von zukünftigem Glück; dort bläset her Sicherheit und Freude in gegenwärtigen Gütern. Denn wer in Furcht und Not steckt, redet ganz anders von Unfall, als der in Freuden schwebt. Und wer in Freuden schwebt, redet und singet ganz anders, als der in Furcht steckt. Es gehet nicht von Herzen (spricht man), wenn ein Trauriger lachen oder ein Fröhlicher weinen soll; das ist, seines Herzens Grund stehet nicht offen und ist nicht heraus.« (Luther, a.a.O.)

Zum Gebet gehört also auch, dass es echt, dass es authentisch ist; alles andere wäre aufgesetzt und unnatürlich.

Wir haben versucht, jene Affekte oder Gefühlsräume des Menschseins, also zum Beispiel die Trauer über den Tod eines lieben Menschen, die Freude bei einer Hochzeit oder bei der Geburt eines Kindes, die Angst vor dem nächsten Schritt (zum Beispiel einer Prüfung), aber auch aufkeimende Hoffnung für uns selbst, für die Kirche und für die Welt im zweiten (thematischen) Teil des Buches zu ordnen und darzustellen.

Spätestens hier ist deutlich, dass diese Gebete über die sonntäglichen Eingangsgebete hinaus unterschiedlichste Stationen des Menschseins fokussieren und vor Gott bringen. Dazu gehört auch die menschliche Grunderfahrung von Schuld und die Bitte um Vergebung, wie sie in Gebeten der Buße und der Umkehr ihren Ausdruck finden (vgl. Psalm 51 beziehungsweise die Vaterunserbitte »Vergib uns unsere Schuld, wie auch wir vergeben unseren Schuldigern.«).

---

1 H. Bornkamm, Luthers Vorreden zur Bibel, 67, Göttingen 3. Aufl. 1989.

3. Beten im Tageskreis

Eine weitere grundlegende Voraussetzung für das Gebet ist, dass es in bestimmten Zeitstrukturen stattfindet. Hier sind zuerst Tag und Nacht zu nennen. Sie bilden den Zeitraum, der unser Leben am elementarsten prägt. Arbeit, Freizeit und Schlaf geben diesem vierundzwanzigstündigen Zyklus Sinn und Struktur.

Im Gebet werden solche Zeiterfahrungen ins Licht Gottes gestellt. Beispielhaft denke ich an Psalm 74,16 wo es heißt:

»Dein ist der Tag und dein ist die Nacht, du hast Gestirn und Sonne ihre Bahn gegeben.«

Diese Reminiszenz an die biblische Schöpfungsgeschichte, die davon erzählt, wie Gott am vierten Schöpfungstag Sonne, Mond und Sterne machte und sie als »Funzeln« an das Firmament des Himmels setzte, um damit Tag und Nacht zu leuchten, zeigt: Zeit wird im Gebet transformiert zur geschenkten Zeit, Welterfahrung wird zur Gotteserfahrung.

Doch nicht immer steht am Abend eines Tages der unbeschwerte Dank für das Geschenk des vergangenen Tages (vgl. EG 266), manchmal halten uns Sorgen und Nöte gerade dann gefangen, wenn die Nacht heraufzieht . »Bleib bei uns« können wir da nur rufen und somit unsere Sorgen in die schlichte Bitte der Emmausjünger kleiden. Unser Leben besteht – was gerade im Verlauf eines Tages glücklich und schmerzlich empfunden wird –, aus Erfolg und Misserfolg, Licht und Schatten, die im Gebet gut aufgehoben sind. Doch hat die Nacht offenbar auch reinigende Kraft: In Psalm 30,6 heißt es: »Wenn man am Abend noch weint, am Morgen herrscht wieder Jubel.«

Dieser Gegensätzlichkeit haben Juden und Christen immer wieder geistlich nachgespürt. Dem Abend des Karfreitag steht der Ostermorgen gegenüber, am Abend wird Israel an den »dramatischen« Auszug aus Ägypten (Pesach) erinnert, während es am Morgen der Gabe der Tora am Sinai gedenkt.

In der klösterlich-monastischen Tradition hat man früh angefangen, den Tag sehr genau in Arbeits- und Gebetszeiten einzuteilen: Ora et labora (bete und arbeite!) heißt das berühmte Lebensmotto der Benediktiner/innen. Im Abstand von drei Stunden hat man daher rund um die Uhr Gebetszeiten eingerichtet, die in den sog. drei großen Stundengebeten (Mette, Vesper und Komplet) kulminieren. Psalmgebete aus dem Alten und dem Neuen Testament wechseln mit Lesungen und freien Gebeten ab.

Zugleich ist der Tag das Urbild des Jahres und des menschlichen Lebens überhaupt:

Der *Morgen* steht für das Erblühen und Erwachen, das Aufstehen und das Auferstehen, den Aufgang der Sonne, den Beginn der Schöpfung und der neuen Schöpfung. Viele Lieder singen davon. (zum Beispiel EG 440, 455 u.v.a.).

Am *Mittag* steht die Sonne am höchsten, ganz ähnlich wie sie im Sommer am längsten scheint. Der Mittag ist daher der Höhepunkt des Tages, der Mensch befindet sich auf der Höhe seiner Kraftentfaltung. Lieder wie »Der Tag ist seiner Höhe nah« oder »Aller Augen warten auf dich« markieren die Mitte des Tages, danken für die erste geschaffte Wegstecke und bitten Gott um seinen Segen für das, was noch kommt.

Der *Abend* gleicht dem Herbst, das Licht schwindet, man wird sich bewusst, dass das Leben ein Ende hat. Der Abend wirft die Schatten der Nacht voraus (zum Beispiel EG 486,2). Im Tagesrückblick können wir gleichsam die Memoiren eines Lebenstages verinnerlichen und vor Gott aussprechen.

Die *Nacht* gleicht dem Winter, der durch Entbehrung, Kargheit und tödliche Bedrohung gekennzeichnet ist. In dieser tiefsten Nacht kommt Gott zur Welt (vgl. EG 56) und schenkt Geborgenheit, Heil und neue Freude.

4. Beten im Jahreskreis

Die gegenwärtige gottesdienstliche Gebetspraxis ist vielfältig durch das Kirchenjahr geprägt. Das liturgische Leben im Jahreskreis orientiert sich an Wegmarken, die durch das Proprium der jeweiligen Sonn- und Feiertage bestimmt ist und gestaltet sich entlang der Themen, die durch sie gesetzt sind. Das Evangelische Gottesdienstbuch bietet für jeden Sonn- und Feiertag und darüber hinaus auch für besondere Anlässe und Themen (wie zum Beispiel Christen und Juden; Bitte um Erneuerung der Kirche, Ordination etc.) jeweils zwei bis drei Tagesgebete (zum Teil im Stile eines »Kollektengebetes«) an, die thematisch profiliert und sprachlich in der Regel gut gelungen sind. Außerdem gibt es Psalmkollekten (Ev. Gottesdienstbuch, 511-519), die einzelne Psalmen aufnehmen und treffend paraphrasieren. Warum also ein neues Buch mit Gebeten zu den einzelnen Sonn- und Feiertagen? Ich will versuchen, darauf zu antworten:

In jüngster Zeit findet das Kirchenjahr neue Aufmerksamkeit. Das wiedererwachte Interesse schlägt sich im kirchlichen Leben insgesamt, aber auch in einer breiten Palette von neuen Veröffentlichungen nieder. Dies betrifft etwa religionspädagogische Bemühungen, mit Kindern die Feste des Christentums zu begehen oder im Rahmen religiöser Erwachsenenbildung den Sinn für die Bedeutung des Kirchenjahres zu schärfen. Daneben stehen Veranstaltungsangebote und entsprechende Praxisliteratur, die Perspektiven eröffnen, Rhythmen, Ereignisse und Übergänge des (Kirchen-)Jahreskreises individuell oder gemeinschaftlich zu begehen. An vielen Stellen berührt und verschränkt sich die gesteigerte Aufmerksamkeit für das Kirchenjahr mit Facetten der Gegenwartskultur und mit Umbrüchen gesellschaftlichen Lebens. Die Bedeutung der evangelischen Fastenaktion »Sieben-Wochen-ohne« beispielsweise, ist verwoben mit einem veränderten kulturellen Bewusstsein von Lebensqualität und Körperlichkeit.

In der gottesdienstlichen Praxis lassen sich die Beobachtungen nicht auf einen Nenner bringen und ergeben erst zusammen ein differenziertes Bild. Exemplarisch mögen vier Aspekte genannt werden:

a) Die Osternachtfeier ist in den vergangenen Jahren in vielen evangelischen Gemeinden neu gestaltet und als liturgisches Ereignis gestärkt worden. Sie zeugt davon, dass sich das Erbe der Kirchenjahrtradition im gottesdienstlichen Leben der Gegenwart neu erschließen kann. Die Osternachtfeier steht für die Erneuerung alter Tradition.

b) Auf der anderen Seite ist zu bemerken, dass die gottesdienstliche Kultur der zweiten Feiertage verloren geht und auch der Karfreitag, ehemals höchster protestantischer Feiertag, in den Hintergrund tritt. An verschiedenen Stellen lässt sich also eine kirchlich-kulturelle Ausdünnung des Kirchenjahres erkennen.

c) Gleichzeitig kommt es zu neuen Gestaltungen besonderer Gottesdienste, in denen Elemente gegenwärtiger (religiöser) Popkultur aufgenommen werden oder sich zu ihnen ins Verhältnis gesetzt wird. Ein Gottesdienst an Halloween etwa ist auf evangelischer Seite ein unterschiedlich bewerteter Akt liturgischer Neuschöpfung. In der Hannoverschen Landeskirche kontert man selbstbewusst mit HALLO LUTHER (Reformationstag).

d) Die genannten Tendenzen vollziehen sich auf dem Hintergrund, dass zentrale Festzeiten des Kirchenjahres bis heute prägende Kraft haben, gottesdienstlich begangen werden und lebensweltlich fest verankert sind. Dies betrifft nicht nur, wenn auch in besonderer Form den Heiligabend, der als am besten besuchter Gottesdienst des Jahres beinahe 40 % aller evangelischen Christinnen und Christen anzieht.

Das Kirchenjahr hat sich also in einem komplexen Prozess kultureller Anpassung und geistlicher »Abgrenzung« bewährt und verändert. In seiner spirituell prägenden Kraft wird es aktuell neu entdeckt und erschlossen.

Eine besondere Herausforderung sind dabei die (Feier)tage, die sich den Menschen von heute nicht mehr ohne Weiteres erschließen, allen voran der Karfreitag:

Der Karfreitag ist als kirchlicher Feiertag gesetzlich geschützt und hat in vielfältiger Weise ein besonderes Gepräge behalten. Bestimmte Festivitäten (zum Beispiel Disko, Tanzveranstaltungen) sind unterbunden, und gerade auch familiäres Brauchtum wird weiter gepflegt. Gleichwohl lässt sich die Art und Weise, wie der Tag begangen wird, immer weniger kulturell vorgeben – das zeigt ein Blick in das Fernsehprogramm – und weithin auch nicht mehr kirchlich-konfessionell verbindlich machen, sondern rückt in den Bereich individueller Lebensführung.

Wenn wir also am Karfreitagmorgen einen Gottesdienst besuchen und mit Psalm 22 in die Klage Jesu am Kreuz einstimmen sollen, dann ist das ein weiter Sprung über den »garstigen Graben« der Geschichte, der einer behutsamen Vorbereitung und Hinführung bedarf. Wir brauchen Zeit zum Ankommen. Es stimmt nämlich, was Luther sagt: Ein Fröhlicher kann nicht ohne Weiteres weinen und eine Traurige kann nicht einfach lachen, Beten muss auch authentisch sein (vgl. 2.). Deshalb sollten Eingangsgebete jemanden, der nicht wie Jesus in Todesnot schreit, sondern gerade in einen wohlverdienten Osterurlaub aufbrechen möchte, an die Hand nehmen, so dass er/sie das Geschehen von Golgatha emotional mitgehen kann.

Dazu kann zum Beispiel Christine Behlers Eingangsgebet zum Karfreitag helfen:

*Jesus, du bist für uns diesen weiten,
dunklen Weg gegangen.
Einsam warst du.
Verspottet warst du.
In den Tod gedrängt.
Fragen hast du in den Himmel geschrieen.
Das musste so sein.
Wenn es dunkel um uns herum ist,
tröste du uns.*

Fassen wir zusammen: Das Kirchenjahr hält Gottes-Erinnerungen und geistliche Gefühlsräume für uns bereit, in die wir uns selbst nicht immer hineinversetzen würden. Wo sie aber einmal entstanden und ausgeprägt worden sind, können vergangene und noch vor uns liegende eigene Erfahrungen spirituell begleitet, vertieft und vorbereitet werden: ein Trauerfall, eine persönliche Krise, Situationen der Angst, eine Rettung, eine Heilung usw.

Die Vitalität der Kirchenjahrestradition besteht also darin, sich immer wieder neu in einen heilsamen Zeitrhythmus Gottes einzufinden und damit geistliche Erfahrungen auszuprägen, die sich im Alltag als tragfähig erweisen. Dazu bilden knappe, leicht verständliche Gebete eine gute Brücke.

Hinweisen wollen wir in diesem Zusammenhang auf einen Vorschlag der Liturgischen Konferenz der EKD, die in diesem Jahr unter dem Motto »Kirchenjahr erneuern« zahlreiche innovative Hinweise veröffentlicht hat. Die wichtigste Idee ist in diesem Zusammenhang, das Kirchenjahr in »vier Felder« zu gliedern, die mit Weihnachten, Ostern, Pfingsten und Erntedank je eines der großen Feste im Mittelpunkt haben.

a) Weihnachtsfestkreis (Advent / Weihnachten / Jahreswechsel / Epiphanias)
b) Osterfestkreis (Passionszeit / Karwoche / Ostern / Himmelfahrt)
c) Pfingsten (Pfingstfest bis Johannistag, evtl. auch bis Israelsonntag)
d) »Reife« (Engel: Michaelistag / Erntedank / Reformationstag /
   Volkstrauertag / Buß- und Bettag / Toten- / Ewigkeitssonntag)

Pfingsten, traditionell ein Teil des Osterfestkreises, erscheint demnach als eigenes Element des Festzeitzyklus. Im Pfingstkreis würden Sonntage nach dem Pfingstfest gezählt; in der »späten Zeit des Kirchenjahres« Sonntage nach dem Erntedankfest (»Reife«). Die späte Zeit des Kirchenjahres von Erntedank (Michaelis) bis Toten-/ Ewigkeitssonntag gilt es als thematischen Zusammenhang zu komponieren, der die Ambivalenz des Lebens austrägt und integriert. Der Zyklus der Oktober- und Novemberfeiertage bündelt in unterschiedlichen Facetten Grundelemente gereiften Lebens und wird heute als eine dezidiert kirchliche Zeit wahrgenommen. Pfingsten hingegen bildet als gegenwärtig »schwächste« kirchlich ausgeprägte Festsequenz eine besondere Herausforderung. Hier kommt die gottesdienstliche Praxis am wenigsten in festen liturgischen Formen unter, die es an dieser Stelle – zwischen Kirchentag, Gemeindefest und Pilgerweg – für verschiedene Gestaltungsorte offen zu halten gilt.

5. Gebete zu verschiedenen Themenkreisen im Horizont der Lebensgeschichte

In einer Welt, in der Religion zunehmend individualisiert erfahren und gelebt wird und an vielen Stellen neue geistliche Formen der Begleitung gesucht werden, können wir nicht darauf verzichten, auch im Bereich des Betens *neue Themen hinzuzunehmen*. Wir wollen mit diesem Buch den geistlichen Bedürfnissen von Menschen gerecht werden, die an ganz bestimmten Stellen des Lebens Gottes Nähe suchen: nicht nur im Tageslauf oder im Laufe eines Jahres, sondern auch an den zentralen Übergängen des Lebens (zum Beispiel Einschulung, Konfirmation, Geburt eines Kindes), so dass Gebete *auf dem Hintergrund der eigenen Lebensgeschichte zum Leuchten kommen*.

Wie sehen die Themengruppen aus?

Die elementaren Gebetsformen Klage – Bitte – Dank und Lob bilden den Anfang und werden gefolgt von den Tagzeiten; dann haben wir freudige und traurige Übergänge des individuellen Lebens zusammengestellt. Auf diese individuellen Existenziale folgen kollektive, das heißt gemeinschaftliche und kirchliche Formen des Betens unter dem Motto »Gemeinsam auf dem Weg«. Jahreszeitlich geprägte Texte (Jahreswechsel etc.) verknüpfen »natürliches« Jahr und Kirchenjahr in anschaulichen Bildern. Dem schließen sich zentrale theologische Glaubensthemen wie »Auferstehung« , »Erlösung« oder »Rechtfertigung« an. Es folgen eher schöpfungstheologische Themen (wie Essen, Zu Tisch, Gaben, Güte, Wunder) sowie ethische Probleme und Lebensthemen (wie Gewalt überwinden, Glaubwürdigkeit, Orientierung, Feindschaft), ehe am Ende wieder das Thema Meditation und Stille den Bogen zum Anfang schließt.

6. Verknüpfungen

Beten am Sonntag und Beten im Alltag ist unser Ausgangspunkt gewesen. Diese Skizze dürfte deutlich gemacht haben, wie lebensnah dieses Thema ist. Besonders spannend für die Leserinnen und Leser wird es sein, die Verknüpfungen zu entdecken, die sich von den sonntäglichen Gebeten zum Alltag und umgekehrt herstellen lassen. Es finden sich zum Beispiel Querverweise vom 14. Sonntag nach Trinitatis zum Thema »Dank« oder vom 15. Sonntag zum Thema »Sorgen« und umgekehrt. Diesen Verknüpfungen nachzuspüren und Freude am Gebet zu finden, ist eine wesentliche Intention dieses Buches. Dazu dienen nicht zuletzt auch Vorschläge, den Körper beim Beten stärker einzubeziehen, wie dies weiter unten in der Einführung von Christine Tergau-Harms geschieht.

Jochen Arnold

Das Tagesgebet – sein liturgischer Ort, seine Herkunft und sein Potenzial für den sonntäglichen Gottesdienst und darüber hinaus

Der Rahmen des Tagesgebetes im Gottesdienst ist der Teil A – die sogenannte Eingangsliturgie: »Eröffnung und Anrufung«.

Ursprünglich ist sie vor den »Wortgottesdienst« gesetzt (»komponiert«) worden, weil die Erfahrung gemacht wurde: Wenn Menschen nicht mit Herz und Seele angekommen sind, besteht die begründete Gefahr, dass das Wort Gottes an ihnen »vorbeigeht«.

An diese Zielsetzung sollten wir uns – jenseits von allen Gestaltungsformen des Tagesgebetes – erinnern und sie neu ernst nehmen.

Denn alle, die Gottesdienste gestalten, haben wahrscheinlich nicht nur einmal erfahren: Wenn Menschen richtig »angekommen« sind, wenn sie eine Heimat im Gottesdienst gefunden haben und sich ernst genommen wissen mit dem, was sie mitbringen an persönlichem, kulturellem, existenziellem Hintergrund, dann kann ich mit ihnen theologisch meilenweit gehen – und sie kommen mit.

Was gehört dazu, dass ich mich willkommen fühle? Teilnehmerinnen und Teilnehmer an einem Seminar im Michaeliskloster haben einmal gesagt: Die kleinen Gummibärchen-Tüte auf dem Kopfkissen hat dazu beigetragen. Seitdem heißt es in Seminaren oft, wenn es um die »Eingangsliturgie« geht: Wie erreichen wir den »Gummibärchen-Effekt« im Gottesdienst? Darüber lohnt es sich, ausführlich zu arbeiten. Für eine Show im Fernsehen wird für die ersten Minuten oft ein Drittel der Vorbereitungszeit aufgewendet: Wenn der Anfang funktioniert, dann ist das Wichtigste geschafft.

Achten Sie mal drauf: Auch im Gottesdienst weiß ich nach ca. drei Minuten, »wohin der Hase läuft« – sprich: … was mich in der nächsten Stunde erwartet.[2]

---

2 *Näheres zum »Ankommen mit Herz und Seele« in: Fritz Baltruweit / Günter Ruddat, Taufe, Trauung, Konfirmation, Beerdigung – Gemeinde gestaltet Gottesdienst 2, Gütersloh 2000, S. 29ff.*

Die Grundfrage lautet also: Wie gestalte ich den Teil A des Gottesdienstes so, dass die Menschen ankommen können und sich willkommen fühlen. In diesem Zusammenhang findet das Tagesgebet seinen liturgischen Ort.

Das im Evangelischen Gottesdienstbuch sogenannte »Tagesgebet« ist aus dem »Kollektengebet« der Agende 1 (und der entsprechenden Tradition der Geschichte des Gottesdienstes) »entstanden«. Im Gottesdienst hatte das Kollektengebet seinen Ort als sammelndes, konzentrierendes, zuspitzendes Gebet, das die Eingangsliturgie abschließt.

Was der Kyrie/Gloria-Teil vor Gott gebracht und von Gott in Erfahrung gebracht wurde, wurde in dem Gebet »auf den Punkt« gebracht.

Als »Scharnier« zwischen Eingangs- und Verkündigungsteil bereitet es auch auf das nun zu uns kommende Gotteswort vor. So spitzte das Kollektengebet die Anrufung auf das konkrete Anliegen dieses einzigartigen Gottesdienstes zu und fasste es in einem Satz zusammen.

Das Kollektengebet ist also auf die spezielle Thematik (das Proprium) des Gottesdienstes zugespitzt.[3]

(Ein Eingangsgebet nimmt dagegen normalerweise auch die Situation des Gottesdienstanfangs auf[4], besonders wenn es direkt an die Begrüßung oder an das Eingangslied anschließt.)

Ursprünglich nahm das »nach einer altrömischen, heidnischen Amtsoration (-anrufung) gebildete Gebet die auf den Gebetsaufruf »Oremus« laut vorgebrachten Bitten der einzelnen Gemeindeglieder auf und fasste sie knapp zusammen (›collecta‹)«. Das »Oremus« (= Lasst uns beten) wurde auch als Einleitung zu einer Gebetsstille gebraucht, die mit einer »Kollekte« (= »Gesammeltes«, einem die Stille ab- und zusammenschließendem Gebet) beendet wurde.

Für das Kollektengebet hatte sich eine einheitliche Form herausgebildet:

---

[3] siehe Evangelisches Gottesdienstbuch, S. 67 bzw. S. 241ff.

[4] Vgl. dazu im Evangelischen Gottesdienstbuch, S. 534: Während in Grundform 1 vom Tagesgebet die Rede ist, wird bei Grundform 2 vom Eingangsgebet gesprochen.

- *Aufforderung* zum Gebet
  > »Lasst uns beten«

- *Anrede*
  > »Heiliger Gott«

  oft verbunden mit einem den Dank
  ausdrückenden oder erklärenden Zu-Satz
  > »Du lässt diese Nacht erstrahlen im
  > Geheimnis des wahren Lichtes«

- *Bitte*
  in der das Anliegen des Gottesdienstes
  zusammengefasst wird
  > »Erhalte uns in diesem Licht ...«

- *Schlussformel*
  > »der mit dir und dem Heiligen Geiste
  > lebt und gepriesen wird von Ewigkeit
  > zu Ewigkeit«

- *Bestätigung*
  > »Amen.«[5]

Beim Kollektengebet sind – im Gegensatz zu den möglichen konkreten Klage- (und evtl. auch Dank)äußerungen aus der Gemeinde im Kyrie und Gloria – die Liturgin beziehungsweise der Liturg verantwortlich für die inhaltliche Zusammenfassung, Zuspitzung und Ausrichtung auf das, was kommt: das Wort Gottes.

Wie kommt es nun zum »Tages«gebet?

Im Evangelischen Gottesdienstbuch wurde an verschiedenen Stellen versucht, verständlichere Begriffe für die oft lateinisch geprägten Überschriften der Gottesdienst-Stationen zu finden. Der Eindruck drängt

---

5 Das dem Evangelischen Gottesdienstbuch entnommene Beispiel (S. 255) – vorgeschlagen für die Christnacht – steht für viele im Textteil angebotene »Kollekten« – nein: »Tages«gebete.

sich auf, dass auch für das (im Wortklang ja wirklich etwas missverständliche) »Kollektengebet« vor allem ein verständlicheres Wort gesucht wurde. Denn Funktion und Aufbau des Tagesgebets unterscheiden sich im Evangelischen Gottesdienstbuch vom Kollektengebet nicht: Es beschließt »die meist dialogisch gestalteten Anrufungen der Gemeinde im Eingangsteil des Gottesdienstes (Psalm, Kyrie, Gloria) und fasst sie in knapper und konzentrierter Form zusammen.«[6]

Wie aber, wenn man mit dem Titel »Tagesgebet« Ernst macht? Wenn wir überlegen: Was beschäftigt mich an diesem Tag – jenseits von manchmal auch gut erdachten systematisch aufgebauten Formen? Wie möchte ich meine/unsere existenzielle Situation ausdrücken?

Mit dieser Fragestellung sind wir den in diesem Band vorgeschlagenen Gebetsentwürfen sehr nah. Die Gebetsentwürfe stellen sich zu so einer »agendarischen Grundordnung« auf den ersten Blick oft etwas quer, beanspruchen viel »Raum« im Gottesdienst, viel Aufmerksamkeit. Sie sind bildreich. Oft kleine Kunstwerke. Eine konkrete Situation steht im Mittelpunkt – und weil sie konkret ist, können sich viele »einklinken«, mitgehen: Das Gebet ist aussagekräftig. Dabei kreist es immer um das Thema des Sonntags, oft steht es in Korrespondenz zum Evangelium.

In der Regel sind sie als »Gebete der Woche« der Evangelischen Zeitung in Niedersachsen entstanden. Ein Bild wurde zu den Texten gefunden, manchmal war es auch umgekehrt: Ein Text entstand zu einem Bild, einem Foto.

Besonders der zweite Teil des Buches zeigt: Die Gebete gehen weit über ein kirchenjahreszeitliches Curriculum hinaus. Im Grunde wird in diesem Buch wieder etwas aufgenommen, was in den achtziger Jahren die Frankfurter Beratungsstelle für Gottesdienst versucht hat: In »Gottesdienst menschlich 2« wurden zu thematischen Situationen Gebete gefunden – für den Gottesdienst und über den Gottesdienst hinaus.

Nicht nur die Entstehung, sondern vor allem das »Gesicht« der meisten der hier zusammengestellten Gebete bieten »mediale Umsetzungen« in zwei Richtungen an.

---

6 Evangelisches Gottesdienstbuch, S. 528f – dort wird auch noch einmal ausführlich der Aufbau des Gebets beschrieben.

- Sie beleben die spirituelle Dimension des Sonn- und Alltags in seinen unterschiedlichsten Facetten, bieten sozusagen eine Deutungshilfe der Lebenssituation an – in einer Form, die mit Gott in den Dialog tritt.
- Und für den sonntäglichen Gottesdienst sind es bildreiche konkrete Gebete, die Aufmerksamkeit erregen.

Sie können – gerade in einer »entschlackten« einfachen Liturgie an die Begrüßung angeschlossen werden – oder an ein Lied, das nach der Begrüßung gesungen wird. Manchmal werden Kombinationen mit Psalmgebeten bereits in diesem Band ganz konkret vorgeschlagen. So ein Prinzip[7] ist – gerade in Verbindung mit *gemeinsam gottesdienst gestalten 2*[8] – natürlich noch viel häufiger möglich.

Viele Gebete können zu »Medien« werden, die einen ganzen Gottesdienst prägen. Das Gebet, abgedruckt auf dem Gottesdienstzettel, kann manchmal gemeinsam gesprochen werden – oder einfach mitgenommen werden und mitgehen in den Tag und in die Woche. Ein Bild, zum Text ausgesucht, kann (gerade in »überschaubarer« Runde) an einer Stelle des Gottesdienstes noch näher angeschaut und ausgelegt werden – gut wäre es natürlich, wenn es (auch) in Korrespondenz zum Evangelium beziehungsweise zum Predigttext steht. Es kann – sozusagen – weit über den »Gebetsakt« hinaus wirken. Exemplarische Bildvorschläge enthält das Buch (siehe S. 25, 98, 156 und 164). Sie stehen für die vielen Fotos auf der Foto-CD, die diesem Buch beiliegt. Sie zeigen auch die mögliche Richtung, in die Sie selber suchen können. Und sie zeigen: Es können ganz normale Fotos aus der Zeitung sein – vielleicht am Vortag gefunden. Nun werden sie durch das Gebet ganz neu gesehen. Und umgekehrt: Der Text erhält eine zusätzliche Interpretationsebene. Sonntag und Alltag begegnen sich exemplarisch und treten miteinander ins Gespräch.

---

7 wie z.B. am Altjahrsabend, bei »Misercordias Domini«(S. 57f) oder am Reformationstag.

8 Jochen Arnold / Fritz Baltruweit, Lesungen und Psalmen lebendig gestalten, Hannover 2004 (siehe Anzeige am Ende des Buches).

Foto zum Stichwort »Mitte des Jahres« (S. 135), von der Foto-CD zu diesem Buch.

Oder das Gebet, das im Rahmen des Eingangsteils von der Pastorin beziehungsweise vom Pastor gesprochen wurde, wird nach der Predigt noch einmal mit einer Gebärde auf neue Weise gemeinsam »entdeckt«. Auch dazu gibt es Vorschläge in diesem Buch (siehe S. 157ff).

Oder in einem Eingangsteil, der um das Gebet kreist:

- Musik zu Beginn
- Begrüßung
- Lied
- Gebet
- Psalm (im Wechsel oder gemeinsam gesprochen)
- Gebet (Wiederholung) – in Verbindung mit Geste / Gebärde, Foto o.ä.

Für Tagesgebete gibt es – wie in diesem Band – viele Vorlagen. Es liegt einfach nahe, auf vorhandene Texte zurückzugreifen. »Das Rad muss nicht ständig neu erfunden werden.«

Wichtig ist aber, dass ein Gebet in die aktuelle Situation passt – so wie ich mir zu Hause ja auch einen Gebetstext suche, der zu meiner Situation passt. Deshalb sind die vorliegenden Texte natürlich in der Regel als bildreiche Ideenbörse zu verstehen, die in die eigene Sprache und Situation, in eigene Worte übertragen werden müssen. Gerade auch die Gebärden in dem Kapitel »Mit dem Körper beten« sollen Möglichkeiten aufzeigen, wie die Texte zu einem »ur-eigenen« Gebet werden können.

Denn das wichtigste ist – wie zu Hause auch im sonntäglichen Gottesdienst, dass die Menschen sehen: Die Liturgin, der Liturg liest nicht nur ein Gebet ab, sondern betet wirklich, begibt sich in die Kommunikation mit dem Gott, der die Gemeinde und ihren Gottesdienst begleitet.

Natürlich gibt Thomas Kabel in seiner »Liturgischen Präsenz« Hilfestellung, wie das umzusetzen ist[9]. Das sich anzueignen ist wichtig. Aber noch wichtiger ist, dass die Konfirmandinnen und Konfirmanden – und alle anderen – sehen, wenn ich mich ihnen zuwende (damit sie sehen, was sich da ereignet): Der Pastor oder die Pastorin faltet die Hände, kündigt das Gebet an (Lasst uns beten), schließt die Augen, und betet einfach!

Auch wenn ich dann manchmal ins Stolpern komme – das macht überhaupt nichts. Denn ich werde zum Beispiel dafür, dass es letztlich jede und jeder kann: mit dem lebendigen Gott in Kontakt treten, ihm zu sagen, was mir auf dem Herzen liegt. Beten als existenzielle Lebensäußerung. Letztlich ist das das Ziel.

Fritz Baltruweit

---

9 siehe dazu unseren Literaturhinweis auf S. 179.

Teil 1

Gebete zu den einzelnen Sonn- und Feiertagen

Offene Türen – offenes Herz

1. Sonntag im Advent

Wochenspruch

*Siehe, dein König kommt zu dir,
ein Gerechter und ein Helfer. Sacharja 9,9*

Die Wärme eines Zimmers,
ein Dach gegen den Regen,
ein Licht in der Dunkelheit –
in dunklen Zeiten
führst du uns nach Hause, Gott.

Mein Vertrauen in die Zukunft,
ein plötzlicher Ausweg,
eine unerklärliche Freude –
und du öffnest eine Tür.

Eine Kerze im Adventskranz,
der Stern als Leitbild,
ein bisschen mehr Frieden –
so ziehst du bei uns ein.

Ewiger Gott,
wir wollen dich willkommen heißen.

Amen.

Katja Riedel

siehe auch → *Adventszeit*

Zeit der Erwartung

2. Sonntag im Advent

Spruch der Woche

*Sehet auf und erhebt eure Häupter,
weil sich eure Erlösung naht. Lukas 21,28*

Manchmal frage ich mich,
wo du bleibst, Gott.
Ich erlebe so viel Leid,
ich sehe so viel Gewalt in unserer Welt.

Gott,
ich sehne mich nach Zeichen
deiner Gegenwart
und deines Kommens.

Ich bitte dich:
Fang meine Zweifel auf.
Komm mir nahe im Schein der Adventskerzen,
lass mich deine Wärme und deine Liebe spüren.
Ich erwarte dich.

Amen.

                          Meike Riedel

siehe auch ➔ Ankunft

Den Weg bereiten

3. Sonntag im Advent

Wochenspruch

Bereitet dem Herrn den Weg;
denn siehe, der Herr kommt gewaltig. Jesaja 40,3.10

Dein Reich kommt auch ohne mein Gebet,
Gott,
mit Überschallgeschwindigkeit.
Aber
wird es auch von allein Weihnachten für mich?

Zur Krippe, heißt es,
muss man zu Fuß gehen...

Darum bete ich für meinen Weg,
dass grade wird, was uneben ist.

Für Menschen,
die mir zur Seite stehen
oder voraus gehen
wie Johannes der Täufer.
Und für jedes gute Wort,
das mich durchatmen
und weiter gehen lässt.

Ralf Drewes

siehe auch ➜ *Miteinander*

Lieder der Freiheit

4. Sonntag im Advent

Wochenspruch

Freuet euch im Herrn allewege, und abermals sage ich euch:
Freuet euch! Der Herr ist nahe! Philipper 4,4–5b

Gott,
komm zu uns.

Lass deinen Stern über uns aufgehen,
der unser Leben
in das Licht deiner Verheißung stellt.

Führ unser Leben
aus dem Alltag
in das Licht der Freude.

Amen.

                              Fritz Baltruweit

Zeichen inmitten der Nacht

Christfest

Wort des Tages

*Und das Wort ward Fleisch und wohnte unter uns,
und wir sahen seine Herrlichkeit. Johannes 1,14*

Da liegen sie schon, die Geschenke –
eingepackt
und mit einem Stern drauf.
Es kann Weihnachten werden.

Gott,
so komm zu uns
in unsere Welt,
du – unser größtes Geschenk.

Führ unser Leben
aus dem grauen Alltag
in das Licht der Freude.

Lass einen Stern aufgehen
und unser Leben glücklich werden.

Amen.

Fritz Baltruweit

siehe auch ➔ *Weihnachten*

Das Warten lohnt

1. Sonntag nach dem Christfest

Wochenspruch

*Das Wort ward Fleisch und wohnte unter uns,
und wir sahen seine Herrlichkeit. Johannes 1,14*

Gott,
ich schaue meine Hände an.
Sie spiegeln mein Leben:
Von wem ich sie geerbt habe,
welche Arbeit sie gewöhnt sind,
wie das Wetter ist,
was ich spüre, was ich suche –
und wie es mir geht.

Was ich mir unbedingt merken muss,
schreibe ich mir in die Hand.
Und was mir kostbar ist,
berge ich schützend in meinen Händen.

Gott,
du hast mich
in deine Hände gezeichnet.
Das kann ich mir kaum vorstellen,
aber es bedeutet mir viel.

Amen.

Christine Tergau-Harms

Auf der Schwelle

Altjahrsabend

Wort des Abends

*Barmherzig und gnädig ist der Herr,
geduldig und von großer Güte. Psalm 103,8*

Psalmgebet aus unserer Zeit

Gemeinsam gesprochen:

Gott, deinen Namen will ich singen,
dir entspringt mein Leben.
Aus deiner Schöpfung schöpfe ich,
schöpfe meine Kraft.
In deiner Sonne blühe ich.
In deinem Boden wurzle ich.
Aus dir ziehn meine Sinne Saft.
Deine Farben färben mich.
Deine Schatten schlagen mich.
Dein langer Atem schafft mir Luft.
In deine Nacht verkriech ich mich,
ruhe aus und träume.
Dein Morgen weckt mich auf,
spannt meinen Willen an.
Dein Wille setzt voraus.
Ich setze nach
und tue, was ich kann.
Dein Abendrot führt mich in Weiten,
ich ahne meine Zeit.
Die Dunkelheit führt mir beizeiten dein Amen vor,
die unbekannte Ewigkeit.
Gott, deinen Namen will ich singen,
und dann zu guter Letzt
versteck den meinen in deinem großen, weiten Kleid.

Amen.

Friedrich Karl Barth

Unterwegs in ein weites Land

Neujahrstag

Wort des Tages

*Alles, was ihr tut mit Worten oder mit Werken,
das tut alles im Namen des Herrn Jesus
und dankt Gott, dem Vater, durch ihn. Kolosser 3,17*

Gott,
manchmal wünsche ich mir,
ich könnte mein neues Jahr
wirklich ganz neu beginnen,
so als hätte Schnee über Nacht
meine Welt verwandelt.

Alles klingt anders,
ich könnte frische Spuren setzen,
klar und langsam,
und das Bisherige ist geheimnisvoll heller.

Ich bitte dich, Gott,
dass mein Leben sich aufhellt
von deinem Licht.

Amen.

                         Christine Tergau-Harms

siehe auch ➔ *Anfang /
2. Sonntag nach dem Christfest*

Geistes-Gegenwart leuchtet auf

2. Sonntag nach dem Christfest

Wochenspruch

*Wir sahen seine Herrlichkeit,
eine Herrlichkeit als des eingeborenen Sohnes vom Vater,
voller Gnade und Wahrheit. Johannes 1,14*

Gott,
wenn ich einen langen Atem brauche
für das Jahr, das vor mir liegt,
dann lock mich
mit einem Stern.

Lass mich aufblicken
und den Morgenhimmel suchen,
ins Freie treten
und die kalte Morgenluft atmen.

Wenn ich den Stern entdecke,
möchte ich an dich denken, Gott,
und mir vorstellen:

Du schickst mir diesen Stern
als Lichtfunken für meinen Tag.
Als Zeichen,
dass du meinem Tag die Richtung zeigst.

Amen.

Christine Tergau-Harms

Das wahre Licht

Epiphanias *Fest der Erscheinung*

Wort des Tages

Die Finsternis vergeht und das wahre Licht scheint jetzt. 1. Johannes 2,8

Guter Gott –
lass dein Licht aufgehen,
wo dein Licht fehlt,
wo es dunkel ist,
wo Verzweiflung ist,
wo finstere Mächte drohen.
Dort lass dein Angesicht leuchten,
dass unsere Gesichter strahlen.

Amen.

        Fritz Baltruweit

     siehe auch ➔ *2. Sonntag nach dem Christfest*

Psalm 100

Alle	Jauchzet dem Herrn, alle Welt!
1	Dienet dem Herrn mit Freuden,
2	kommt vor sein Angesicht mit Frohlocken!
1	Erkennt, dass der Herr Gott ist.
2	Er hat uns gemacht und nicht wir selbst zu seinem Volk und zu Schafen seiner Weide.
Alle	Geht zu seinen Toren ein mit Danken, zu seinen Vorhöfen mit Loben.
1	Danket ihm!
2	Lobt seinen Namen!
Alle	Denn der Herr ist freundlich, und seine Gnade währet ewig und seine Wahrheit für und für.

Amen.

Eintauchen in den Glauben

1. Sonntag nach Epiphanias

Wochenspruch

Welche der Geist Gottes treibt, die sind Gottes Kinder. Römer 8,14

Gott,
eigentlich bräuchte ich es
jeden Tag,
dass sich die Wolkendecke
über mir auftut
und der Himmel hindurchscheint
und eine Stimme mir sagt,
dass ich mich nicht so anstrengen muss
und dass ich über mich hinauswachsen kann.

Gott, ich bitte dich,
sende deinen Geist auf mich herab,
dass mir die Augen aufgehen.

Amen.

Christine Tergau-Harms

Wunderwege

2. Sonntag nach Epiphanias

Wochenspruch

*Das Gesetz ist durch Mose gegeben;
die Gnade und Wahrheit ist durch Jesus Christus geworden. Johannes 1,17*

Gott,
manchmal öffnest du für uns den Himmel.
Und du gewährst uns kleine Einblicke
in deinen großen Plan.

Wir sind Teile in deinem großen Ganzen –
wie Zahnräder ineinander greifen
und mit jeder Drehung eine neue Verbindung schaffen.

Was können wir geben?
Was ist uns gegeben?

Gott, setz uns in Bewegung
und gib uns Schwung – auf dich zu.

Amen.

       Katja Riedel

siehe auch ➔ *»Gebete mit dem Körper« (S. 159)*

Heilung für die Welt

3. Sonntag nach Epiphanias *Bibelsonntag*

Wochenspruch

Es werden kommen von Osten und von Westen,
von Norden und von Süden,
die zu Tisch sitzen werden im Reich Gottes. Lukas 13,29

Gott,
Du bist in die Welt gekommen
und hast den Menschen in die Herzen gesehen.
Du hast sie immer schon erkannt
in ihren Ängsten und Hoffnungen,
in ihrer Sehnsucht geliebt zu werden
ohne Leistungen vorweg.

Frauen, Kinder, Betrüger, Aussätzige,
Menschen ohne öffentliche Rechte,
hast du ins Recht gesetzt allein durch die Liebe.
Das hält bis heute an.
Dafür danken wir dir.

Amen.

Christine Behler

Wer hilft im Sturm?

4. Sonntag nach Epiphanias

Wochenspruch

Kommt her und sehet an die Werke Gottes, der so wunderbar ist in seinem Tun an den Menschenkindern. Psalm 66,5

Gott,
wenn du uns heute Morgen fragen würdest:
Wie habt ihr heute Nacht geschlafen?
Was würden wir antworten?
Wie unterschiedlich wäre das.
Bin ich gut ausgeschlafen – oder schlecht eingeschlafen?
Viel zu früh aufgewacht – oder zu spät?
Habe ich Sorgen gewälzt – oder die Nacht zum Tag gemacht?
Geht mir ein Traum noch nach?

Gott,
du brauchst uns gar nicht zu fragen,
wie wir geschlafen haben.
Du weißt es.
Deine Augen haben gewacht.
Deine Ruhe breitest du über die Erde,
damit wir ruhiger werden.

Amen.

Christine Tergau-Harms

Die dunkle Seite des Lichts

5. Sonntag nach Epiphanias

Wochenspruch

Der Herr wird ans Licht bringen,
was im Finstern verborgen ist,
und wird das Trachten der Herzen offenbar machen. 1. Korinther 4,5b

Wir waschen ab und stopfen.
Wir schreiben am Computer und telefonieren.
Wir streichen Wände und löten.
Wir schieben Kinderwagen und kaufen ein.
Wir melken Kühe und eggen.
Wir kaufen ein und essen.
Wir treffen Verwandte und lesen.
Wir schauen uns den Wetterbericht an und gehen aus.
Wir schmieden Urlaubspläne und schlecken Eis.

In unserem Alltag, Gott,
lass uns dein Licht sehen,
lass uns deine Stimme hören.

Amen.

Dirk Stelter

Gipfel der Erleuchtung

Letzter Sonntag nach Epiphanias

Wochenspruch

*Über dir geht auf der Herr,
und seine Herrlichkeit erscheint über dir. Jesaja 60,2*

Guter Gott –
lass dein Licht aufgehen,
wo dein Licht fehlt,
wo es dunkel ist,
wo Verzweiflung ist,
wo finstere Mächte drohen.
Dort lass dein Angesicht leuchten,
dass unsere Gesichter strahlen.

Amen.

Fritz Baltruweit

So sprechen wir miteinander:

Alle	Mache dich auf, werde Licht. Denn dein Licht kommt.
Frauen	Und die Herrlichkeit Gottes geht auf über dir wie die Sonne.
Männer	Denn siehe, Finsternis bedeckt die Erde und Dunkel die Völker.
Frauen	Aber über dir geht leuchtend dein Gott auf.
Männer	Seine Herrlichkeit erscheint über dir.
Alle	Du wirst es sehen und du wirst strahlen.

Jesaja 60,1ff

3. Sonntag vor der Passionszeit

Septuagesimae

Wochenspruch

*Wir liegen vor dir mit unserm Gebet
und vertrauen nicht auf unsere Gerechtigkeit,
sondern auf deine große Barmherzigkeit. Daniel 9,18*

Barmherziger Gott,
du stellst deine eigenen Regeln auf,
rechnest anders als wir.
Manchmal ist das zu hoch für mich.
Aber ich spüre, du meinst es gut mit mir.
Du hältst mir den Rücken frei,
und wirst am Ende zu mir sagen:
Alles ist gut.

Amen.

Torsten Kröncke

Gottes Wort will wachsen

2. Sonntag vor der Passionszeit *Sexagesimae*

Wochenspruch

*Heute, wenn ihr seine Stimme hören werdet,
so verstockt eure Herzen nicht. Hebräer 3,15*

Gütiger Gott,
längst produziert unsere Zeit
ihre eigenen Gleichnisse
vom Wachstum,
das ohne Anstrengungen nicht gelingt.

Doch dann wächst
– ganz von alleine, scheinbar mühelos –
aus dem Kleinen etwas Großes.
Und aus dem Einzelnen
wird ein Vielfaches.

Dein Reich komme.
Wir spüren die Kraft deiner Vorsehung,
wenn deine Bilder in uns
ihre künftige Gestalt annehmen.

Amen.

                                        Katja Riedel

Ohne Liebe ist alles nichts

Sonntag vor der Passionszeit *Estomihi*

Wochenspruch

*Seht, wir gehen hinauf nach Jerusalem,
und es wird alles vollendet werden,
was geschrieben ist durch die Propheten
von dem Menschensohn. Lukas 18,31*

Trete ein, sei Gast in meinem Haus.
Schau mich an, all mein Tun und Schaffen:
Ich putze, wasche, koche, backe,
ich bügel, bastel, esse, trinke.

Trete ein, mein Gott, meine Tür steht dir offen.
Ich möchte dich aufnehmen
und das Wort von deiner Liebe
in meinem Haus hören.

Trete ein, mein Gott, und mach dein Wort der Liebe
in mir stark – stark wie ein Fels,
sprich es in all mein Tun hinein,
dass ich gelassen darangehen kann.

Amen.

Meike Riedel

Widersteht dem Bösen!

1. Sonntag der Passionszeit *Invokavit*

Wochenspruch

*Dazu ist erschienen der Sohn Gottes,
dass er die Werke des Teufels zerstöre. 1. Johannes 3,8b*

Gott –
was ist gut?
Was ist böse?
Wenn das so einfach wäre.
Immer wieder scheitere ich,
werde schuldig trotz bester Absichten.
Hilf mir Gott, zu unterscheiden
und das zu tun, was dem Leben dient.

Amen.

Bettina Praßler-Kröncke

siehe auch ➔ *Freiheit*

2. Sonntag der Passionszeit *Reminiszere*

Wochenspruch

*Gott erweist seine Liebe zu uns darin,
dass Christus für uns gestorben ist,
als wir noch Sünder waren. Römer 5,8*

Gott –
Welche Werte haben wir noch?

Glaube, aus dem Frieden kommt?
Haben wir längst verloren.
Bedrängnis, aus der Geduld wächst?
Soll es früher gegeben haben.
Bewährung, aus der Hoffnung entspringt?
Aufgegeben schon von den Alten.

Wer erinnert sich denn noch?
Glaube und Frieden,
Bedrängnis und Geduld,
Bewährung und Hoffnung –
du, Gott, vergisst sie nicht.
Erinnere uns an das,
was war und wieder sein wird.
Du, Gott, vergisst uns nicht.
Daran lass uns wieder denken,
den Weg Jesu vor Augen.

Amen.

Hans Joachim Schliep

Wüste Wege – zarte Worte

3. Sonntag der Passionszeit *Okuli*

Wochenspruch

*Wer seine Hand an den Pflug legt und sieht zurück,
der ist nicht geschickt für das Reich Gottes. Lukas 9,62*

Du sagst mir,
dass ich Licht bin, Gott –
aber es kommt mir so vor,
als führe ich ein Schattendasein.

In welchem Schatten stehe ich eigentlich?

Gott, ich bitte dich,
wirf einen Licht-Blick auf mein Leben
und nimm die Schatten von meinen Augen.
Damit ich mich in einem anderen Licht sehe.
In deinem.

Amen.

Christine Tergau-Harms

4. Sonntag der Passionszeit *Lätare*

Wochenspruch

Wenn das Weizenkorn nicht in die Erde fällt und erstirbt,
bleibt es allein;
wenn es aber erstirbt, bringt es viel Frucht. Johannes 12,24

Ich will mich in dich versenken
wie ein Weizenkorn in die Erde.

Umgib mich, Gott,
so wie du alles umgibst.
Du schaffst neues Leben.
Aus der Mitte des Dunkels
wachse ich ins Licht.

Dunkel oder Licht:
Du bist bei mir.
Ich freue mich, Gott.

Amen.

Ralf Drewes

Gott schafft Recht

5. Sonntag der Passionszeit *Judika*

Wochenspruch

*Der Menschensohn ist nicht gekommen,
um sich dienen zu lassen,
sondern um zu dienen
und sein Leben zur Erlösung für viele zu geben. Matthäus 20,28*

Gott,
wo ich lebe und bin,
bleib nicht verborgen.
Wo ich Unrecht erleide,
schaffe mir Recht.
Lass mich etwas von deiner Liebe,
deiner Güte
und deiner Gerechtigkeit erfahren,
wo ich lebe und bin.

Amen.

Fritz Baltruweit

6. Sonntag der Passionszeit *Palmsonntag*

Wochenspruch

*Der Menschensohn muss erhöht werden,
damit alle, die an ihn glauben, das ewige Leben haben. Johannes 3,14b.15*

Umjubelt –
und dann fallengelassen.
Stürmisch gefeiert –
und dann verstoßen.

Jesus,
mit Dir gehen wir
in deine Leidenswoche
und deine Sterbenszeit.
Eine Woche,
in der wir entfernt spüren,
wie weit deine Liebe geht.

Immer noch
schwer zu begreifen –
und unser Dank
ist ein schwacher Abglanz.

Danke, Gott!

                                      Fritz Baltruweit

Ein Schutzraum in der Nacht

Gründonnerstag
Tag der Einsetzung des Heiligen Abendmahls

Wort des Tages

Er hat ein Gedächtnis gestiftet seiner Wunder,
der gnädige und barmherzige Herr. Psalm 111,4

(Zur Salbungsgeschichte Markus 14,3–9:)

Zärtliche Berührungen
und wohlriechendes Nardenöl.
Anstelle salbender Worte
hören wir von salbenden Taten.

Gib du mit, Gott, Zeiten der Innigkeit,
in denen ich meine Seele sanft salbe;
ich mit allen Sinnen bete,
sinnvoll, sinnenreich
und nicht sinnlos lebe –
und dir dankbar für meine Sinnlichkeit bin.

Amen.

Renate Hofmann

KreuzWege

Karfreitag *Tag der Kreuzigung*

Wort des Tages

*Also hat Gott die Welt geliebt,
dass er seinen eingeborenen Sohn gab,
damit alle, die an ihn glauben,
nicht verloren werden,
sondern das ewige Leben haben. Johannes 3,16*

Jesus, du bist für uns diesen weiten,
dunklen Weg gegangen.
Einsam warst du.
Verspottet warst du.
In den Tod gedrängt.

Fragen hast du in den Himmel geschrien.
Das musste so sein.

Wenn es dunkel um uns herum ist,
tröstest du uns.

Du kennst all die Wege, die wir gehen.
Du bist sie vor uns gegangen,
um für uns
das Licht anzumachen.

Amen.

Christine Behler

Aus dem Dunkel ins Licht

Ostern

Wort des Tages / Wochenspruch

Christus spricht:
Ich war tot,
und siehe, ich bin lebendig
von Ewigkeit zu Ewigkeit
und habe die Schlüssel des Todes und der Hölle. Offenbarung 1,18

Zu Ostern
bist Du über Deine Grenzen gehoben worden
von Gottes Hand.
Geheimnisvoll.
Und mit der einen Absicht,
uns für das Leben stark zu machen.
Uns Weite und Licht zu schenken,
wenn wir selbst an Grenzen kommen.
Mitten im Leben
und auch im Sterben.
Gottes Hand hebt aus den Tiefen heraus.
Wir staunen darüber
und leben davon.

Amen.

        Christine Behler

      siehe auch ➔ *Auferstehung*

Wie neu geboren

1. Sonntag nach Ostern *Quasimodogeniti*

Wochenspruch

*Gelobt sei Gott, der Vater unseres Herrn Jesus Christus,
der uns nach seiner großen Barmherzigkeit wiedergeboren hat
zu einer lebendigen Hoffnung
durch die Auferstehung Jesu Christi von den Toten. 1. Petrus 1,3*

»Wie neugeboren« – so fühle ich mich, Gott.
Spüre das Leben, das in mir erwacht,
fasse Mut, dem meine Angst und Zweifel weichen.

Denn ich lebe
von der Hoffnung, die du, Gott, mir schenkst,
von dem Erbe, das du für mich bewahrst,
von der Freude, die du, Gott, mir bereitest
durch die Auferstehung deines Sohnes Jesus Christus.

Ja, Gott, verwandelt hast du mich:
»Wie neugeboren« fühle ich mich.

Amen.

Meike Riedel

siehe auch ➔ *Anfang*

Wem vertrauen wir uns an?

2. Sonntag nach Ostern *Misericordias Domini*

Wochenspruch

Christus spricht: Ich bin der gute Hirte.
Meine Schafe hören meine Stimme,
und ich kenne sie, und sie folgen mir;
und ich gebe ihnen das ewige Leben. Johannes 10,11a.27–28a

Gott,
viele Mächte erheben Anspruch auf mein Leben.
Manche tun mir gut.
Andere nutzen mich aus.

Was ist gut für mich?
Wem kann ich Vertrauen schenken?

Wie gut, dass du da bist.
Du gehst mir nach,
wenn ich mich verliere.
Du gibst mir Orientierung.

Mit dir mangelt mir nichts.
Dafür danke ich dir.
Fritz Baltruweit

– Stille –

Miteinander danken wir für Gottes Warmherzigkeit,
wenn wir gemeinsam den 23. Psalm sprechen:
Der Herr ist mein Hirte.
Mir wird nichts mangeln.
Er weidet mich auf einer grünen Aue
und führet mich zum frischen Wasser.
Er erquicket meine Seele.
Er führet mich auf rechter Straße
um seines Namens willen.
Und ob ich schon wanderte im finstern Tal,
fürcht ich kein Unglück. → *Fortsetzung S. 57*

Denn du bist bei mir.
Dein Stecken und Stab trösten mich.
Du bereitest vor mir einen Tisch
im Angesicht meiner Feinde.
Du salbest mein Haupt mit Öl
und schenkst mir voll ein.
Gutes und Barmherzigkeit
werden mir folgen mein Leben lang.
Und ich werde bleiben
im Hause des Herrn immerdar.

Amen.

siehe auch ➔ *Orientierung*

Verwandelt ins Leben

3. Sonntag nach Ostern   *Jubilate*

Wochenspruch

*Ist jemand in Christus, so ist er eine neue Kreatur;
das Alte ist vergangen, siehe, Neues ist geworden. 2. Korinther 5,17*

Gott –
wenn mir Tränen in den Augen stehen,
wischst du die Trauer ab
und lässt meine Augen vor Freude strahlen.

Wenn mein Gesicht fahl ist,
schüttelst du die Sorgen ab
und lässt es leuchten.

Wenn meine Kehle sich zuschnürt,
öffnest du den Würgegriff der Angst
und füllst meinen Mund mit Jubel.

Denn wenn die Nacht am schwärzesten ist,
lässt du den neuen Tag beginnen.

Amen.

Dirk Stelter

siehe auch ➜ *»Gebete mit dem Körper« (S. 160)*

4. Sonntag nach Ostern *Kantate*

Wochenspruch

*Singt dem Herrn ein neues Lied,
denn er tut Wunder. Psalm 98,1*

Meine Seele grünt.
Meine Wurzeln geben mir Kraft.
Ich strecke mich aus.
Erobere die Welt mit Lust.
Singe
und bin fröhlich in dir,
mein Gott.

Amen.

Bettina Praßler-Kröncke

siehe auch ➔ *»Gebete mit dem Körper« (S. 161)*

Die Kraft des Gebets

5. Sonntag nach Ostern *Rogate*

Wochenspruch

*Gelobt sei Gott, der mein Gebet nicht verwirft
noch seine Güte von mir wendet. Psalm 66,20*

Gott,
wenn ich bete, dann spüre ich:
Es gibt eine Kraft, die größer ist als ich.

Wenn ich bete, lasse ich davon los,
dass alles, was geschieht, in meinen Händen liegt.

Wenn ich bete, kommt aus mir heraus,
was ich bisher verschwiegen habe.
All mein Sehnen und Suchen.
Meine Fragen und Umwege.
Ich lege sie in deine Hände.

Und dann warte ich mit wachen Sinnen,
bis es geschieht,
dass ein warmer Strom oder eine
klare Stimme mein Herz erreicht.

Christine Behler

siehe auch ➔ (Gut) Aufgehoben

Der Himmel ist offen

Christi Himmelfahrt

Wort des Tages

Christus spricht:
Wenn ich erhöht werde von der Erde,
so will ich alle zu mir ziehen. Johannes 12,32

Gott,
oft genug denken wir:
Du bist im Himmel, weit weg von uns,
hoch über den Wolken.
Weit weg von uns und unseren Angelegenheiten,
weit weg von uns und unseren Sorgen.
Oben im Himmel, fern von uns.

Doch du lässt dich nicht abschieben,
sondern bleibst bei uns.
Unsere Erde ist deine Schöpfung,
alles Leben ist ein Geschenk von dir.

Mit der Himmelfahrt deines Sohnes
bist du uns nicht fern gerückt,
sondern bist uns immer und unbegrenzt nahe.

Ja, deine Güte reicht, so weit der Himmel ist,
und deine Wahrheit, so weit die Wolken gehen.
Gott, du bist größer als das Weltall
und kleiner als ein Senfkorn.
Wo du bist, ist der Himmel –
im Himmel und auf Erden.

Amen.

Meike Riedel

Wer kann uns trösten?

6. Sonntag nach Ostern   *Exaudi*

Wochenspruch

*Christus spricht: Wenn ich erhöht werde von der Erde,
so will ich alle zu mir ziehen. Johannes 12,32*

Ein Baum möchte ich sein vor dir, Gott.
Meine Arme Zweigen gleich
deinem Licht entgegenstrecken.

Meine Wurzeln
in deiner Liebe fest verankert wissen,
dass deine Kraft mich stärke,
deine Fülle mich erfülle,
dein Geist mich durchdringe.

Mit jedem Herzschlag
möchte ich spüren können:
Ich lebe aus dir
und du, Gott, lebst in mir.

Amen.

Bettina Praßler-Kröncke

siehe auch → *»Gebete mit dem Körper« (S. 162)*

Gottes Geist befreit zum Leben

Pfingsten *Tag der Ausgießung des Heiligen Geistes*

Wort des Tages und Wochenspruch

*Es soll nicht durch Heer oder Kraft,
sondern durch meinen Geist geschehen,
spricht der Herr Zebaoth. Sacharja 4,6*

Gott,
du Lebensgeist.
Durch dich leben wir auf.
So sei du in unserer Mitte,
vertreibe die Angst aus unseren Herzen.
Schenk uns deinen langen Atem.
Beflügele uns,
die gute Nachricht zu verkünden.
Und entzünde in uns
deine Liebe.

Amen.

Fritz Baltruweit

siehe auch → *Geist bzw. Gemeinde*

Drei sind eins

Trinitatis *Tag der Heiligen Dreifaltigkeit*

Wochenspruch

*Heilig, heilig, heilig ist der Herr Zebaoth;
alle Lande sind seiner Ehre voll. Jesaja 6,3*

Was uns atmen lässt,
kommt alles von dir.

Was uns zu denken gibt,
ist alles durch dich.

Was uns hoffen macht,
läuft alles auf dich zu.

Gott, du verbirgst dein Geheimnis
im kleinen Wassertropfen
und im riesigen Sternennebel,
im Weg, der offen vor uns liegt,
und im Dickicht unseres Lebens.

Lass uns an deinem Lob genügen:
»O welch eine Tiefe des Reichtums,
der Weisheit
und der Erkenntnis Gottes!«

Amen.

Hans Joachim Schliep

Der Pulsschlag des Glaubens

1. Sonntag nach Trinitatis

Wochenspruch

Christus spricht zu seinen Jüngern:
Wer euch hört, der hört mich;
und wer euch verachtet, der verachtet mich. Lukas 10,16

Manche Fragen kommen immer wieder, Gott,
obwohl sie schon so oft da waren.

Bin ich so vergesslich?
Gibt es keine Antworten?
Sind die Fragen mir lieber als die Antworten?

Viele Antworten gehen an mir vorbei, Gott.
Habe keine Zeit für sie.
Will nicht hinhören.
Kann ihnen nicht vertrauen.

Kommen und Gehen.
Nur du, Gott,
bist ein für alle Mal.

Amen.

Ralf Drewes

Gottes Haus – offen für alle

2. Sonntag nach Trinitatis

Wochenspruch

Christus spricht: Kommt her zu mir, alle, die ihr mühselig und beladen seid; ich will euch erquicken. Matthäus 11,28

Jesus, Du rufst uns,
aus allen Straßen und Häusern,
von Hecken und Zäunen,
Fließbändern und Schreibtischen
in deine Gemeinschaft,
zum Mahl der Versöhnung.
Gib, dass wir die ach so wichtigen Dinge unseres Lebens
nicht zur Entschuldigung vorschieben –
nicht Ehe und Familie,
nicht Arbeit und Beruf,
nicht Zärtlichkeit und Glück.
Lass uns nicht am Wesentlichen vorbei leben,
an deiner Nähe und Freundlichkeit,
an der Gemeinschaft mit dir und unseren Geschwistern.

Amen.

                        Jochen Arnold

siehe auch ➔ Versöhnung, Gemeinschaft

Gott sucht uns

3. Sonntag nach Trinitatis

Wochenspruch

*Des Menschen Sohn ist gekommen, zu suchen
und selig zu machen, was verloren ist. Lukas 19,10*

Gott,
du legst dich auch denen ins Herz,
die bisher nichts von dir wissen wollten.

Einer glüht plötzlich vor Liebe zu dir.

Eine sucht dich unaufhörlich
in den Gesten der Mitmenschen.

Viele fragen nach dir
und staunen über ihre eigene Verwandlung.

Manche Bitten erhörst du,
bevor sie ausgesprochen sind.

Du, leises Geheimnis.

Du, mein Gefährte.

Christine Behler

Plädoyer für ein sanftes Herz

4. Sonntag nach Trinitatis

Wochenspruch

*Einer trage des anderen Last,
so werdet ihr das Gesetz Christi erfüllen. Galater 6,2*

»Jeder denkt an sich –
nur ich denke an mich!«

Ach, Gott!
So wird die Welt nicht besser.
Bin ich auch so egoistisch?

Ich denke daran:
Du bist barmherzig, Gott,
so dienst du mir,
durchwehst du mich.

Mit einem sanften Herzen
kann ich anderen dienen.

Amen.

Ralf Drewes

Der Zauber des Anfangs

5. Sonntag nach Trinitatis

Wochenspruch

*Aus Gnade seid ihr selig geworden durch den Glauben;
und das nicht aus euch; Gottes Gabe ist es. Epheser 2,8*

Eine Hand,
die meine Nähe sucht –

ein Blick,
der hoffnungsvoll an mir heften bleibt –

ein Mensch,
der mir seine Not und Einsamkeit zeigt.

Lass mich nicht achtlos
vorübergehen,
wenn du, Gott,
mir Aufgaben stellst.

Amen.

Meike Riedel

Ich bin getauft

6. Sonntag nach Trinitatis

Wochenspruch

*So spricht der Herr, der dich geschaffen hat:
Fürchte dich nicht, denn ich habe dich erlöst;
ich habe dich bei deinem Namen gerufen;
du bist mein. Jesaja 43,1*

Gott, du schenkst mir mein Leben.
Du kennst meinen Namen.

Ruf mich zurück,
wenn mein Weg mich in die Irre führt.

Ruf mich sanft,
wenn Traurigkeit mich gefangen hält.

Ruf mich freundlich,
wenn das Leben schön ist.

Ich will bei dir bleiben, Gott,
mit aller meiner Kraft.

Und du
bleib auch bei mir.

Amen.

                        Bettina Praßler-Kröncke

                 siehe auch → *Taufe, Bekenntnis*

Schmecken und sehen

7. Sonntag nach Trinitatis

Wochenspruch

So seid ihr nun nicht mehr Gäste und Fremdlinge,
sondern Mitbürger der Heiligen
und Gottes Hausgenossen. Epheser 2,19

Gott,
du Lebens-Mittel:

Mittel zum Leben.
Mitten im Leben.
Mitte meines Lebens.

Gib, dass du mein Lebensmittel bleibst,
das mich kräftigt und stärkt,
das Fade schmackhaft werden lässt,
mich nährt, erhält
und hungrig macht
auf dein Mehr an Leben.

Amen.

Renate Hofmann

siehe auch ➔ *Abendmahl*

8. Sonntag nach Trinitatis

Wochenspruch

Lebt als Kinder des Lichts;
die Frucht des Lichts ist lauter Güte
und Gerechtigkeit und Wahrheit. Epheser 5,8b.9

Bevor wir das Licht der Welt erblicken,
ist es schon in uns.

Gott, du willst,
dass wir es weitergeben,
gerade an die,
die viel Schatten kennen.

Es wird hell,
wenn eine am Bett einer anderen wacht.

Wenn sich jemand für mich stark macht,
weil mir die Worte fehlen.

Wenn Menschen einander
deine Geschichten vom Leben weitererzählen.

Mit deinem Licht
hast du uns großzügig bedacht.
Selbst an unseren Grenzen wärmt es uns
und lässt uns Bilder schauen,
die wir vorher nicht kannten.

Christine Behler

Jede Gabe ist eine Aufgabe

9. Sonntag nach Trinitatis

Wochenspruch

Wem viel gegeben ist, bei dem wird man viel suchen;
und wem viel anvertraut ist,
von dem wird man umso mehr fordern. Lukas 12,48

Gott,
du hast mir eine Stimme gegeben,
damit ich sagen kann,
was mich stört und was mich freut.

Gott,
du hast mir Ohren gegeben,
damit ich höre,
wo Not ist und wo die Freude wohnt.

Gott,
du hast mir Augen gegeben,
damit ich sehe,
wo ich gebraucht werde.

Gott,
du hast mir Hände gegeben,
damit ich meinen Worten
Taten folgen lasse.

Gott, ich danke dir!
Amen.

Heike Hinsch

siehe auch → »Gebete mit dem Körper« (S. 163)

Miteinander verbunden

10. Sonntag nach Trinitatis   *Israelsonntag*

Wochenspruch

*Wohl dem Volk, dessen Gott der Herr ist,
dem Volk, das er zum Erbe gewählt hat. Psalm 33,12*

Gott,
immer wieder suche ich meine Ursprünge,
auch die meines Glaubens.

Und immer wieder führen sie mich in das gelobte Land,
an den See Genezareth,
nach Nazareth,
nach Jerusalem.

Orte,
an denen ich dein Evangelium besser verstehen kann, Gott.

Orte,
die mich vor neue Fragen stellen:
Wo ist deine Friedensverheißung heute?
Warum sind wir so weit von ihr entfernt?
Wo ist dein gelobtes Land?

Gott,
schenke Frieden und Gerechtigkeit
deinem Heiligen Land.

Amen.

                              Fritz Baltruweit

Wer ist schuldig?

11. Sonntag nach Trinitatis

Wochenspruch

*Gott widersteht den Hochmütigen,
aber den Demütigen gibt er Gnade. 1. Petrus 5,5*

Ich bin froh,
dass ich nicht so bin wie diese.
Ich bin deprimiert,
dass ich nicht so bin wie jene.

Öfter als mir lieb ist,
vergleiche ich mich
und schätze Menschen ein.
Vielleicht ganz falsch.

Wie bin ich denn?
Und wie könnte ich sein?

Gott, bewahre mich vor abschätzigen Blicken.
Wertschätzen ist so wohltuend.

Amen.

Christine Tergau-Harms

Mit offenen Sinnen

12. Sonntag nach Trinitatis

Wochenspruch

*Das geknickte Rohr wird er nicht zerbrechen,
und den glimmenden Docht wird er nicht auslöschen. Jesaja 42,3*

Wenn ich in die Irre laufe,
bring du mich zurück auf den Weg.

Wenn ich mich in der Dunkelheit verliere,
lass mir ein Licht aufgehen.

Wenn ich zu zerbrechen drohe,
richte mich wieder auf und stärke mir den Rücken.

Auf dich hoffe ich, Gott,
denn bei dir ist nichts unmöglich.

Amen.

Torsten Kröncke

Wer ist mein Nächster?

13. Sonntag nach Trinitatis

Wochenspruch

Jesus Christus spricht:
Was ihr getan habt einem von diesen meinen geringsten Brüdern,
das habt ihr mir getan. Matthäus 25,40

Liebe – was war das?
Liebe – wann kommt sie wieder?
Liebe – wann wird sie endlich bleiben?

Du, Gott, bist die Liebe.
In Jesus Christus hat sie
unter uns Geschichte gemacht.

Wir hoffen auf Dein Reich,
in dem sie wiederkommt und bleiben wird.
Lass uns heute schon an ihr teilhaben.

Dann werden wir jetzt erkennen,
was Menschen brauchen.

Dann werden wir jetzt Not lindern
und aufstehen für Gerechtigkeit.

Amen.

Hans Joachim Schliep

siehe auch → *Armut, Diakonie*

Gott sei Dank!

14. Sonntag nach Trinitatis

Wochenspruch

*Lobe den Herrn, meine Seele,
und vergiss nicht, was er dir Gutes getan hat. Psalm 103, 2*

Welch Übermaß an Güte
schenkst du mir!

Doch was gibt mein Gemüte
dir dafür?

Gott,
ich weiß sonst nichts zu bringen,
als dir Lob und Dank zu singen.

Johann Sebastian Bach
(nach Bach-Werke-Verzeichnis 17)

Es folgt ein Loblied (z.B. EG 139/140 oder 331)

Unsere Sorgen – Gottes Sorge

15. Sonntag nach Trinitatis

Wochenspruch

Alle eure Sorgen werft auf ihn;
denn er sorgt für euch. 1. Petrus 5,7

Ach Gott!
Oft drücken mich schwere Sorgen.
Ich weiß nicht, ob das Geld reicht diesen Monat.
Ich weiß nicht,
ob ich meinen Kollegen freundlich begegnen kann
(ob mein Arbeitsplatz sicher ist).
Ich weiß nicht,
ob ich meinem Partner noch einmal verzeihen kann.
Ich weiß nicht, ob mein Kind auf Abwege geraten ist.

Du sorgst für die Vögel unter dem Himmel
und das Vieh auf dem Feld,
du lässt uns jeden Morgen die Sonne aufgehen.

Gott, guter Vater,
steh uns bei
und verlasse uns nicht.
Das bitten wir dich in Jesu Namen.

Jochen Arnold

siehe auch ➔ *Sorgen*

Gott macht mich stark

16. Sonntag nach Trinitatis

Wochenspruch

*Jesus Christus hat dem Tode die Macht genommen
und Leben und ein unvergängliches Wesen ans Licht gebracht
durch das Evangelium. 2. Timotheus 1,10*

Gott, du Kraft des Lebens,
auf deinen Geist hoffe ich.

Denn Furcht umschließt mich
und engt mich ein,
Sorge umklammert mich
und lastet schwer,
Angst nimmt mich gefangen
und schnürt mich ab.

Stärke du mich, Gott,
damit ich wieder atmen kann.
Schenke du mir Halt,
damit ich wieder leben kann
und die Weite deiner Welt entdecke.

Amen.

                        Meike Riedel

siehe auch → »Gebete mit dem Körper« (S. 165)

Sagt, was ihr glaubt!

17. Sonntag nach Trinitatis

Wochenspruch

*Unser Glaube ist der Sieg,
der die Welt überwunden hat. 1. Johannes 5,4c*

Sprich mich an!

Jesus, meine Ohren sind verstopft.
Oder hab ich vergessen, wie du klingst?
Du musst mit lauter Stimme sprechen!

Bitte hör nicht auf, mich zu rufen.
Hier bin ich!

Ich weiß, wenn ich dich höre,
werde ich aufstehen.

Amen.

Ralf Drewes

Die Freiheit Gottes

18. Sonntag nach Trinitatis

Wochenspruch

*Dies Gebot haben wir von ihm,
dass, wer Gott liebt,
dass der auch seinen Bruder liebe. 1. Johannes 4,21*

Gott,
deine Liebe trägt mich –
ein Leben lang
und noch weiter.

Meine Dankbarkeit
möchte dir antworten.

Ich möchte mich
meinen Geschwistern zuwenden,
Augen haben für sie
und ein offenes Herz –

heute,
morgen,
jeden Tag.

Amen.

        Fritz Baltruweit

        Zum Michaelistag (29.9.) siehe → Engel

Mit den Händen arbeiten – mit dem Herzen danken

Erntedanktag

Wochenspruch

*Aller Augen warten auf dich,
und du gibst ihnen ihre Speise zur rechten Zeit. Psalm 145,15*

Ich will dir danken,
Gott,
für das Gelb der Blumen
und das Blau des Himmels,
für die Süße der Trauben
und die Würze im Brot.

Ich will dir danken, Gott,
für die Tränen in der Nacht
und das Lachen am hellen Morgen,
für jenes, was bleibt
und für alles, was neu wird.

Ich will dir danken, Gott,
für mein Leben.
Du hast mich so reich beschenkt.

Amen.

Bettina Praßler-Kröncke

siehe auch → *Dank, Hoffnung*

Das Leben neu buchstabieren

19. Sonntag nach Trinitatis

Wochenspruch

Heile du mich, HERR, so werde ich heil;
hilf du mir, so ist mir geholfen. Jeremia 17,14

Gott,
du kennst mich besser
als ich mich selber kenne.
Bei dir kann ich meine Lasten abladen
und loslassen.

Deshalb bitte ich dich:
Sei du meine Zuflucht.
Heile du mich,
so werde ich heil.
Hilf mir,
so ist mir geholfen.

Amen.

                              Torsten Kröncke

Leben unter dem Regenbogen

20. Sonntag nach Trinitatis

Wochenspruch

*Es ist dir gesagt, Mensch, was gut ist
und was der Herr von dir fordert,
nämlich Gottes Wort halten
und Liebe üben
und demütig sein vor deinem Gott. Micha 6,8*

Gott,
du hast uns gesagt,
was gut ist für unser Leben:
Dein Wort halten,
Liebe üben
und demütig sein vor Dir.

Gib uns Kraft und Klugheit,
Deiner Weisung zu folgen
und lass uns die Freiheit erfahren,
die darin steckt.

Amen.

                                          Fritz Baltruweit

Der Schlüssel zum Frieden

21. Sonntag nach Trinitatis

Wochenspruch

*Lass dich nicht vom Bösen überwinden,
sondern überwinde das Böse mit Gutem. Römer 12,21*

Gott –
was ich meine,
dass ich bin –
daran klammere ich mich.

Was ich meine,
dass ich sein muss –
daran halte ich mich fest.

Lass mich entdecken,
was du, Gott, schenkst,
wenn ich loslasse.

Amen.

Dirk Stelter

22. Sonntag nach Trinitatis

Wochenspruch

*Bei dir ist Vergebung,
dass man dich fürchte. Psalm 130,4*

Gott,
wie viele Flüchtlinge
klopfen bei uns an Europas Tür...

Die Welt ist aus dem Lot.

Und wir
sitzen ruhig
in unserer Festung.

Gott,
vergib.

Und mach Mut
zu einem neuen Anfang.

Amen.

Fritz Baltruweit

siehe auch ➔ *Bußtag*

Im Zweifel für den Angeklagten

23. Sonntag nach Trinitatis

Wochenspruch

*Dem König aller Könige
und Herrn aller Herren,
der allein Unsterblichkeit hat,
dem sei Ehre und ewige Macht. 1.Timotheus 6,15.16*

Jesus,
du unser Heiland –
dir wollen wir folgen.
Was du warst, ließest du hinter dir –
wurdest Mensch unter Menschen,
hast oben und unten verbunden,
Himmel und Erde –
liebevoll,
barmherzig.
Du eröffnest uns Freiheit –
auf deine Kosten.
Dafür sind wir dir dankbar.

Jesus,
du unser Heiland –
in deinem Namen wollen wir glauben,
leben
und handeln –
zur Ehre deines Vaters.
Amen.

Fritz Baltruweit – nach Philipper 2

... dass Kirche sich wandelt!

Reformationsfest

Wort des Tages

*Einen anderen Grund kann niemand legen als den,
der gelegt ist, welcher ist Jesus Christus. 1. Korinther 3,11*

Niemandem kann ich es recht machen,
nicht einmal mir selbst.
Darum bitte ich dich, Gott:
Mache du mich recht und richte mich auf.

Nirgendwo finde ich Sinn,
schon gar nicht im Widerstreit
der Worte, Waren und Wahrheiten.
Darum bitte ich dich:
Lass mich Sinn finden in Jesus Christus,
der Wort, Wahrheit und Leben ist.

Nirgendwo finde ich Halt,
erst recht nicht in dem,
was allen als unumstößlich gilt.
Darum bitte ich dich:
Schenke mir den Glauben,
der mich hält über Abgründe hinweg
und mich trägt auf Flügeln der Freiheit.

Hans Joachim Schliep

– Stille –

*So sprechen wir miteinander
Worte des 46. Psalms:*
Gott ist unsre Zuversicht und Stärke,
eine Hilfe in den großen Nöten,
die uns getroffen haben.
Darum fürchten wir uns nicht,

wenngleich die Welt unterginge
und die Berge mitten ins Meer sänken,
wenngleich das Meer wütete und wallte
und von seinem Ungestüm die Berge einfielen.
Dennoch soll die Stadt Gottes fein lustig bleiben mit ihren Brünnlein,
da die heiligen Wohnungen des Höchsten sind.
Gott ist bei ihr drinnen,
darum wird sie festbleiben;
Gott hilft ihr früh am Morgen.
Die Heiden müssen verzagen
und die Königreiche fallen,
das Erdreich muss vergehen,
wenn er sich hören lässt.
Der HERR Zebaoth ist mit uns,
der Gott Jakobs ist unser Schutz.

Amen.

siehe auch ➔ 23. Sonntag nach Trinitatis

24. Sonntag nach Trinitatis

Wochenspruch

*Mit Freuden sagt Dank dem Vater,
der euch tüchtig gemacht hat
zu dem Erbteil der Heiligen im Licht. Kolosser 1,12*

Alles hat seine Zeit.
Geborenwerden und Sterben.
Das klingt so ausgewogen.
Ist es aber nicht.

Leidvolle Tage
wiegen tausendmal schwerer
als glückliche.

Gott, du willst das Gegenteil.
Nicht nur ein Gleichgewicht
von guten und schlechten Tagen.

Du stellst meine Tage
in eine andere Dimension.
Die Ewigkeit.
Da ist das Sterben
ein Geborenwerden
in ein neues Leben.

Gott,
deshalb
atme ich tief ein,
lebe diesen Tag
aus vollen Zügen.

Amen.

Christine Tergau-Harms

FriedensZeit

Drittletzter Sonntag des Kirchenjahres

Wochenspruch

*Siehe, jetzt ist die Zeit der Gnade,
siehe, jetzt ist der Tag des Heils. 2. Korinther 6,2*

Gott,
die Sache des Friedens
und der Gerechtigkeit
hast du uns ans Herz gelegt.

Gib uns die Stärke und den Mut,
einzutreten für Deine Welt.

Gib uns das Sensorium,
dass wir Deine Welt, deinen Schalom,
immer wieder erleben
– auch schon hier mitten unter uns –
und dadurch aufleben und Kraft schöpfen.

Gib uns Augen für deine Welt.

Amen.

Fritz Baltruweit

Erinnern – und versöhnen

Vorletzter Sonntag des Kirchenjahres
Volkstrauertag

Wochenspruch

*Wir müssen alle offenbar werden
vor dem Richterstuhl Christi. 2. Korinther 5,10*

Gott –
das, was wehgetan hat,
wir sollten es einander erzählen,
eher leise und achtsam.

Die, an denen wir schuldig geworden sind,
brauchen unser Bekennen.

Es darf nicht aufhören,
dass wir uns zuhören,
die Jungen den Alten
und umgekehrt.

Dann können wir uns gemeinsam darauf verlassen,
dass wieder etwas blühen kann
auf verbrannter Erde
und Menschen einander umarmen,
die sich lange zu Feinden gemacht haben.

Wenn wir bekennen und beten zu Gott,
trauern und erzählen,
kann etwas wieder heil werden.

Amen.

         Hans Joachim Schliep

       siehe auch → *Glaubwürdigkeit*

Umkehr zum Leben

Buß- und Bettag

Wort des Tages

*Gerechtigkeit erhöht ein Volk;
aber die Sünde ist der Leute Verderben. Sprüche 14,34*

Gott,
wir bringen all das mit,
was uns beschäftigt:
was uns bewegt,
was uns beflügelt,
aber auch, was uns belastet:
Schuld, die uns lähmt und uns von dir trennt.

In der Stille bringen wir vor Dich, was uns beschäftigt:

– Stille –

Gott,
weil wir uns dessen gewiss sind,
dass du uns nicht fallen lässt,
darum bitten wir dich:
Sei uns nahe,
damit wir uns klar machen können,
was uns voneinander und was uns von dir trennt.
Gib uns die Gewissheit,
dass wir zu dir kommen können –
mit allem ...
... weil du uns trägst –
durch gute und durch schlechte Zeiten.
Amen.

Fritz Baltruweit /
Bettina Wittmann-Stasch

Neuer Himmel – neue Erde

Ewigkeitssonntag Letzter Sonntag des Kirchenjahres

Wochenspruch

*Lehre uns bedenken, dass wir sterben müssen,
auf dass wir klug werden. Psalm 90,12*

Gott –
der Tod des geliebten Menschen
stößt uns aus der Welt.
In die Fremde.

Als wenn unser Lebenshaus
plötzlich nicht mehr bewohnt ist.

So begehen wir
diesen Tag der Erinnerungen.

Wir suchen danach,
wieder Wohnung zu finden bei Menschen,
bei dir und bei uns selbst.

Leite du uns durch diese Zeit der Schmerzen
und Erinnerungsbilder.

Sprich uns an mit deiner Verheißung,
dass ein neues Licht kommt
für die, die weiter leben
und die, die gehen mussten.

Christine Behler

siehe auch ➔ *Zeit, 24. Sonntag nach Trinitatis:
Stichwirt »Ewigkeit«*

Ein entfalteter Psalm 90
für den letzten Sonntag im Kirchenjahr:

1   Gott,
    du bist unsere Zuflucht – jeden Tag.
    Dir vertrauen wir.
    Lass uns nicht verlorengehen.
    Lass uns nicht herausfallen aus Deiner Liebe.

2   Dir legen wir die Menschen ans Herz,
    die wir in diesem Jahr verloren haben: ...

Während (in 4 Abschnitten – s.u.) die Namen von den im letzten Jahr Verstorbenen verlesen werden, werden parallel dazu Kerzen angezündet, am besten Grablichter, die nach dem Gottesdienst mit auf den Friedhof genommen werden können.

1   Gott,
    du bist unsere Zuflucht jeden Tag.
    Sei unsere Hilfe.
    Sei unser Zuhause,
    auf das wir bauen können.

2   Dir legen wir die Menschen ans Herz,
    die wir in diesem Jahr verloren haben: ...

1   Gott,
    du bist unsere Zuflucht jeden Tag.
    Sei der Ort in unserem Leben,
    an den wir immer wieder zurückkehren können,
    der Ort, der bleibt und fest ist. → *Fortsetzung S. 98*

Ende des Kirchenjahres | 97

2   Dir legen wir die Menschen ans Herz,
    die wir in diesem Jahr verloren haben: ...

1   Gott,
    du bist unsere Zuflucht jeden Tag.
    In Deine Hände befehlen wir unser Leben
    und das Leben der Gestorbenen –
    Du erlöst uns, Du treuer Gott.

2   Dir legen wir die Menschen ans Herz,
    die wir in diesem Jahr verloren haben: ...

1   Gott,
    Du bist unsere Zuflucht jeden Tag.
    Unsere Zeit steht in Deinen Händen.
    Erbarm Dich unser
    und lass uns nicht allein.

Kyrie eleison

Foto zum Ewigkeitssonntag, von der Foto-CD zu diesem Buch.

Teil 2

Gebete zu verschiedenen Themenkreisen

 1. *Formen des Betens*

 2. *Tageszeiten*

 3. *(Übergänge des) Leben(s)*

 4. *Not-Situationen*

 5. *Gemeinsam auf dem Weg*

 6. *Jahreszeiten*

 7. *Glaube*

 8. *Schöpfung*

 9. *Leben in der Welt*

 10. *Meditation, Stille*

 11. *Kinder*

 12. *Dank*

 13. *Zu diesem Gebet finden Sie ein Bild auf der Foto-CD zu diesem Buch (siehe dazu S. 24)*

Abend

Diesen Tag, Gott,
lege ich zurück in deine Hand.
Du gabst ihn mir.
Du schenktest mir Zeit,
Lebenszeit.

Danke für alles, was gelang.
Danke, dass du mich behütet hast.

Vergib,
was ich versäumte,
was ich schuldig geblieben bin.

Was ich erlebt habe,
lege ich zurück in deine Hand.

Bewahre mich in der Nacht.
Schenke Ruhe,
schenke Frieden.

                            Fritz Baltruweit

Abendmahl

Gott,
an deinem Tisch ist Platz für mich.
Und du schenkst mir deine Gegenwart.
Deine Liebe geht in mich ein,
du stärkst mich
und bringst mich neu auf den Weg.
Gott,
ich danke dir.

Amen.

                            Fritz Baltruweit

Abschied

Gott –
ich tauche in die Nacht ein,
atme deinen Geist,
lasse mich treiben.
Und es ist, als ob du still meine Hand hältst
und mich mitnimmst
in ein neues, unbekanntes Land.
Und ich ...
... gehe mit dir.

Amen.
      Fritz Baltruweit

Adventszeit

Gott,
die Kerze in meiner Hand zeigt mir:
Es ist Advent geworden.
Ich danke dir
für dieses Zeichen der Wärme,
das das Dunkel erhellt.

Schenk uns offene Augen
und ein weites Herz
für die kommenden Tage.
Schenk eine gute Adventszeit.

Amen.
      Fritz Baltruweit

Alter(n)

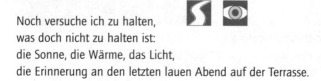

Noch versuche ich zu halten,
was doch nicht zu halten ist:
die Sonne, die Wärme, das Licht,
die Erinnerung an den letzten lauen Abend auf der Terrasse.

Ich bereite mich vor auf den Wandel
und finde mein Vertrauen in deinem Geist.

So nehme ich die Veränderung wahr,
die Vergänglichkeit.

... und freue mich am farbigen Spiel fallender Blätter.

Katja Riedel

Anfang

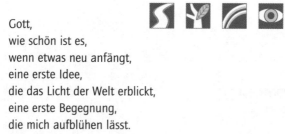

Gott,
wie schön ist es,
wenn etwas neu anfängt,
eine erste Idee,
die das Licht der Welt erblickt,
eine erste Begegnung,
die mich aufblühen lässt.

Ich bin wie verwandelt –
die Sonne lacht mir zu.
Und dann bist da auch noch du,
mein Gott.
Ich danke dir.
Amen.

Fritz Baltruweit

siehe auch ➔ *Licht, »Gebete mit dem Körper«*
(S. 166)

Angst

Die Deutschen jammern zu viel, heißt es.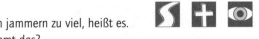
Sag, Gott, stimmt das?
»Uns geht es doch gut«, finden die einen.
»Alles ist in Gefahr!«, meinen die anderen.

Jammern will ich nicht.
Aber auch ich kenne die Angst vor der Zukunft, Gott.
Ja, ich sorge mich darum.
Entfernt mich das von dir?
Macht mich das blind für deine Schöpfung?

Gott, steh mir bei in meiner Sorge.
Sieh meine Angst an.
Aber mein Jammern kannst du einfach überhören!

Ralf Drewes

siehe auch ➔ *Furcht*

Ankunft

Ich freue mich,
dass du zu mir kommen willst.

Hilf,
die Tür meines Herzens weit aufzumachen,
damit du wirklich
bei mir ankommen kannst.

Amen.

Fritz Baltruweit

siehe auch ➔ *Adventszeit*

Armut

Gott,
immer und überall
hat es Arme gegeben –
auch unter uns.

Wir aber scheuen uns,
ihnen zu begegnen:
Sie führen uns die Schattenseite des Lebens vor Augen.
Sie stellen unser Leben in Frage.
Sie beunruhigen uns.

Du aber hast dich zu den Armen bekannt:
In Jesus Christus
bist du einer von ihnen geworden.

Wir bitten dich:
Nimm uns die Angst,
den Armen zu begegnen.
Lass uns erkennen,
dass wir dir selber begegnen,
wenn wir ihnen nahe sind.
Amen.

Eckard Siggelkow

siehe auch ➔ *Sorgen*
➔ *15. Sonntag nach Trinitatis*

Auferstehung

Gott,
Auferstehung ist so ein großes Wort.
Wie kann ich das begreifen?
Vielleicht ist es gut,
dass es geheimnisvoll bleibt.

Aber müsste man uns nicht anmerken,
dass sich dadurch etwas verändert?

Gott, ich wünsche mir,
dass deine Auferstehung in mir wirkt
und das auch spürbar wird
für andere.
Amen.
Christine Tergau-Harms

Oft, Gott,
ertappe ich mich dabei,
dass ich mich einfach mit Zuständen abfinde,
wie sie nun einmal sind:
Elenden geht es schlecht.
Arme leiden.
Gewalttätige Herrscher unterdrücken ihre Völker.
Korrupte Richter beugen das Recht.

Halte meine Sinne offen dafür,
dass das nicht die Welt ist, die du willst.
Halte meine Hoffnung wach darauf,
dass du die Missstände zum Guten wendest.
Weck in mir die Kraft,
Missständen entgegenzutreten.
Amen.
Dirk Stelter

siehe auch → *Ostern*

(Gut) Aufgehoben

Gott,
du schenkst mir dein Ohr
und bist einfach da.

Mein Glück
und meine Zweifel
sind bei dir gut aufgehoben.

Wie gut,
dass ich mit allem zu dir kommen kann.
Danke!

                           Fritz Baltruweit

Augenblick

Ein Augenblick.
Blicke miteinander verwoben
bis in die Zehenspitzen.

Ein Augenblick.
Eine ganze Ewigkeit.

Geschenkte Zeit.
Danke!

                           Fritz Baltruweit

siehe auch ➔ *»Gebete mit dem Körper« (S. 167)*

Barmherzigkeit (= Warmherzigkeit)

Gott,
es tut so gut,
wenn jemand mich barmherziger ansieht
als ich mich selbst.

Warum
ist mein Kopf manchmal so voll von
Bewertungen, Vergleichen und Urteilen,
wenn ich doch selbst darunter leide?

In manchen Momenten ist es anders –
mein Herz weit geöffnet
und meine Gedanken behutsam.

Gott, zeige mir,
wie ich diese Momente aufspüren kann.

Amen.

Christine Tergau-Harms

Begleitet

Gott,
Tag und Nacht bist du bei mir
mit deiner Engelsgeduld.
Auch heute.
Deine Warmherzigkeit
lässt alle bösen Gedanken vergessen.
Und deine Gnade
lässt mich aufblühen.
Danke,
dass du mich so liebevoll begleitest.

Amen.

Fritz Baltruweit

Befreiung

Ich sehe Stillstand.
Du siehst Bewegung.

Mir stockt der Atem.
Du schaffst mir Luft.

Mich drücken Lasten.
Du schenkst mir Hoffnung.

Du lässt mich wissen:
Ich bin dein Kind.

Amen.

Dirk Stelter

siehe auch → »Gebete mit dem Körper« (S. 168)

Bekennen → Nachfolge, Reformationstag
Beruf(ung) → Einheit
Buße → Bußtag / 22. Sonntag nach Trinitatis

Dank

Gut, dass du da bist,
Gott.
Du sorgst für mich,
bist mir tragfähiger Grund –
und schenkst mir Augenblicke des Glücks.
Dir singe ich mein Danklied
für all das,
was du mir schenkst.

Amen.

Fritz Baltruweit

Wie leicht ist es,
zu beklagen, was mir fehlt.
Schnell schaue ich auf die,
denen es scheinbar besser geht als mir.

Wie schwer fällt es,
einfach einmal »Danke« zu sagen.
Danke für alle gute Erfahrung.
Danke für alles Glück, –
das große unbegreifliche
und das kleine, unscheinbare, alltägliche.

Danke für alles Heil,
das ich erfahre mit meinem Leib,
in meiner Seele.

Danke für die Nähe der Menschen,
denen ich etwas bedeute
und die das Leben mit mir teilen.

Öffne mein Herz, Gott,
du Geber aller Gaben,
dass ich dieses erkenne
und für Deine Güte und Barmherzigkeit danke,
solange ich lebe.

Amen.

Michael Riedel-Schneider

siehe auch ➔ *Erntedank, Hoffnung,*
14. Sonntag nach Trinitatis

Diakonie

Öffne unsere Augen, Gott,
für das kleine Mädchen nebenan,
das selten eine warme Mahlzeit erhält,
für die alte Frau gegenüber,
die schon lange keine neuen Schuhe mehr trägt,
für den jungen Mann,
der verschämt vor der Essensausgabe wartet.

Öffne unsere Augen,
nimm uns die Scheu,
damit Armut keine Mauern baut.
Amen.

Meike Riedel

Engel

Gott, wenn es Herbst wird,
wird mir manchmal so schwer ums Herz.
Ich möchte die warmen Tage festhalten.
Das Licht in den Obstgärten
erinnert mich an Kindheit.

Wenn es sich zuzieht und abkühlt,
dann fühle ich den Winter kommen.
Habe ich genug Kraft?

Ich wünsche mir,
dass jemand mich umgibt
und Dunkelheit und Kälte und Mutlosigkeit
von mir fernhält.

Als Kind hätte ich mir
den Engel Michael vorgestellt,
wie er mich schützt mit großen Flügeln.

Heute will ich mich
in deinen Schutz stellen.

Amen.

                        Christine Tergau-Harms

                        zum Michaelistag (29.9.)
                        siehe auch ➜ Radkreuz (S. 174)

Einheit der Kirche(n)

Wir sind berufen
zur Erneuerung der Kirche und der Welt,
Zeugnis zu geben im Licht des Evangeliums
von Gottes Reich.

Wir sind berufen, der christlichen Hoffnung eines Lebens
für alle Gestalt zu geben.
Wir sind berufen, für die Einheit der Kirche zu arbeiten –
in ihrer untrennbaren Verbindung mit der Heilung
und der Ganzheit der ganzen Schöpfung.
Wir sind berufen, als Christinnen und Christen jedweder Tradition
zusammenzuarbeiten, um unsere Gaben und unsere Berufung
als ein Leib Christi Wirklichkeit werden zu lassen,
in der Begegnung und im Dialog miteinander
und mit Menschen anderen Glaubens.

Gott,
leite uns auf diesem Weg.

Amen.

                        Zentralausschuss des Ökumenischen Rates
                        der Kirchen 1997

Einschulung

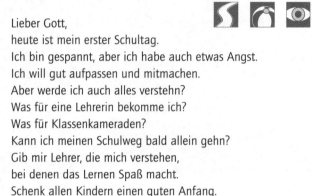

Lieber Gott,
heute ist mein erster Schultag.
Ich bin gespannt, aber ich habe auch etwas Angst.
Ich will gut aufpassen und mitmachen.
Aber werde ich auch alles verstehn?
Was für eine Lehrerin bekomme ich?
Was für Klassenkameraden?
Kann ich meinen Schulweg bald allein gehn?
Gib mir Lehrer, die mich verstehen,
bei denen das Lernen Spaß macht.
Schenk allen Kindern einen guten Anfang.

Amen.

Ein Kind aus Berenbostel

(Bitte um) Erbarmen

Mein Gott,
manchmal verliere ich das Zutrauen zu deiner Liebe.
Und schaffe es nicht, sie mit anderen zu teilen...
...wenn mir zu viel entgegenschlägt
von Menschen,
die mich als Menschen verloren haben –
und die doch meine Welt prägen.

Ich bitte dich:
Komm du mir entgegen.
Finde mich,
dass sich meine Arme öffnen
für dich,
für die, die mich brauchen,
und auch für die, die es mir schwer machen.

Amen.

Katja Riedel

Erinnern → *Volkstrauertag*

Erinnerung → Ewigkeitssonntag, Volkstrauertag

Erlösung

Treuer Gott,
erlöse mich von der Sorge um mich selbst.
Befreie mich vor meiner Gier nach Gewinn und Macht.
Lehre mich dienen nach dem Bilde Jesu Christi.
Da wo ich lebe und bin,
lass mich etwas von deiner Liebe,
deiner Güte
und deiner Gerechtigkeit an andere weitergeben.
Dann lebt dein Wille in mir.
Dann bin ich erlöst.

Amen.
                    Michael Riedel-Schneider

Erneuerung

Frucht bringen
wie die Reben am Weinstock –
das habe ich im Ohr.
Es klingt wie ein Auftrag.
Und zwischen Tatendrang und Ausgebranntsein
erschöpfe ich mich.

Gott, bitte erinnere mich
an das, was vor dem Auftrag ist:
dass ich verwurzelt bin in dir
und mich sonnen kann
in deiner Wärme.
Das braucht Zeit.

Ich schöpfe aus der Tiefe und aus der Höhe.
So kann ich schöpferisch werden.
Amen.

Christine Tergau-Harms

siehe auch ➔ »Gebete mit dem Körper« (S. 169)

Ernte

Du Gott der Fülle,
wir danken dir, dass du Regen schenkst,
die Erde fruchtbar machst,
die Flüsse mit Wasser füllst,
die Ernte wachsen lässt,
die Pflanzen nährst,
das Vieh weidest.
Dränge uns, dass wir, von deinem Geist erfüllt,
Ernte teilen mit der ganzen hungernden Welt,
durch Jesus Christus,
unseren Retter und Herrn.

Lutherischer Weltbund

siehe auch ➔ Erntedank

Essen → Zu Tisch
Ewigkeit → Abschied
Feindschaft → Bitte um Erbarmen

Ferien

Ferien.
Sommerwind.
Sand zwischen den Zehen,
die endlose Weite vor mir.
Zeit, um zu mir zu kommen
und auch zu dir, Gott.

Amen.

Torsten Kröncke

Nach den Ferien

Gott,
die Schule fängt wieder an.
[Die neue Saison geht los.]
Ein Jahr lang
bis zu den nächsten großen Ferien.

Lass das Aufatmen der letzten Wochen nachhaltig sein.
Schenk Kraft,
damit neue Einsichten nicht zu schnell verpuffen.

Schenk Freude
an dem, was kommt.

Amen.

Fritz Baltruweit

Freiheit

Gott,
zwischen der Freiheit,
die Du schenkst,
und allen teuflischen Versuchungen
liegt das Wunder,
das täglich geschehen kann,
weil Du es an mir tust.
Du löst mich aus dem,
was mich binden will.
Du zeigst mir Wege in die Weite.
Ich danke dir.
Amen.

Fritz Baltruweit

Frieden

Gott,
jeder tötende Schuss,
jede Bombenexplosion
lässt mich träumen von einer Welt,
in der alle Waffen ruhen.

Jeder Schrei, jedes Weinen und jeder Klagelaut
lässt mich leiden an den Wunden,
die Menschen einander zufügen,
und lässt meine Sehnsucht wachsen
nach einer friedlichen Welt,
in der die Schrecken von Krieg und Gewalt ein Ende haben.

Der Friede, den du mir gibst und verheißt, Gott,
schenke mir die Kraft,
und lasse aus meinen Träumen und meiner Sehnsucht
Schritte werden auf dem Weg deines Friedens.
Amen.

Meike Riedel

siehe auch → *Radkreuz (S. 174)*

Wir
alten Europäer
haben einen Vogel.

Gott
sei Dank.

Gesehen beim Friedenskongress 2003
in Wittenberg

siehe auch ➜ *Drittletzter Sonntag im Kirchenjahr*

Frühling

Es fühlt sich gut an, großer Gott,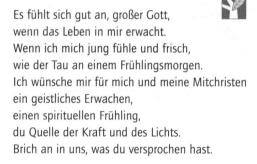
wenn das Leben in mir erwacht.
Wenn ich mich jung fühle und frisch,
wie der Tau an einem Frühlingsmorgen.
Ich wünsche mir für mich und meine Mitchristen
ein geistliches Erwachen,
einen spirituellen Frühling,
du Quelle der Kraft und des Lichts.
Brich an in uns, was du versprochen hast.

Jochen Arnold

Furcht

Manchmal fühle ich mich randvoll.
So vieles strömt tagtäglich auf mich ein:
Nachrichtenbilder, Zeitungsmeldungen,
Termine, Anforderungen.
In diesen Momenten tut es gut,
einen zu haben, bei dem ich mich ausschütten kann.
In diesen Momenten tut es gut, dich zu haben, Gott.
Sei mir dann nahe
und fülle mich mit deinem guten Geist.

Amen.

Bettina Praßler-Kröncke

Gaben

Gott,
was sind eigentlich meine Gaben?
Ich weiß es manchmal nicht.

Andere sagen mir,
was sie an mir schätzen.
Das beglückt mich
und lässt mich staunen.

Sind das meine Gaben?

Ich ahne, dass du noch etwas anderes meinst.
Du siehst mehr von mir als ich.

Lass mich immer wieder zurückkehren
zu mir selbst,
damit ich finde,
was du in mir verborgen hast.

Amen.

                              Christine Tergau-Harms

siehe auch ➔ *9.So. nach Trinitatis*

Geburt
siehe auch → Anfang

Gott,
wenn ich ein Neugeborenes anschaue,
erschrecke ich manchmal,
wie verletzlich es ist
und wie groß unsere Verantwortung
für dieses kleine Leben.

Wie hilflos fängt unser Leben an,
wie viel Hilfe haben wir schon erfahren,
dass wir leben bis jetzt.

Und gleichzeitig,
wie stark hast du uns gemacht
und hast uns soviel Macht anvertraut.

Gott,
erinnere uns,
dass wir beides sind,
verletzlich – und machtvoll.

Erinnere uns,
dass beides in unserem Leben Raum hat,
weil du uns behütest
und befähigst.

Weil wir beides brauchen,
um liebevoll zu sorgen
für jedes Kind.

Amen.

Christine Tergau-Harms

Geburtstag

Heute ist mein Geburtstag.
Ein Tag wie tausend andere, nichts wirklich Besonderes.
Und doch: ein Tag aus deiner Hand, Gott.
Ich blicke zurück und staune.
Mein Leben steht mir vor Augen.
Mit seinen Höhen und Tiefen,
seinen Brüchen und Erfolgen,
seinen Verletzungen und Heilungen.

Hab Dank, lieber Vater im Himmel,
für das Geschenk meines Lebens und dafür,
dass du mich begleitet hast.

Heute ist mein Geburtstag.
Kein Tag wie tausend andere.
Dir soll er gehören, dieser Tag.
Amen.

Jochen Arnold

siehe auch ➔ *Dank(barkeit), Tag*

Geist / Begeisterung

Wie ein frischer Lufthauch mich erfrischt,
wenn ich verschwitzt und matt bin,
wie Rückenwind mich beflügelt,
wenn meine Glieder lahm werden,
wie Gegenwind mich zweifeln lässt,
ob der eingeschlagene Weg noch der richtige ist,
so, Gott,
schicke mir deinen Geist.
Amen.

Dirk Stelter

siehe auch ➔ *»Gebete mit dem Körper« (S. 170)*

Gemeinschaft / Gemeinde

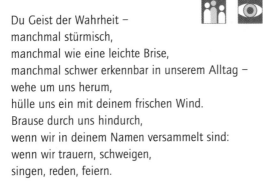

Du Geist der Wahrheit –
manchmal stürmisch,
manchmal wie eine leichte Brise,
manchmal schwer erkennbar in unserem Alltag –
wehe um uns herum,
hülle uns ein mit deinem frischen Wind.
Brause durch uns hindurch,
wenn wir in deinem Namen versammelt sind:
wenn wir trauern, schweigen,
singen, reden, feiern.

Amen.

Heike Hinsch

Gerechtigkeit

Oft, Gott,
ertappe ich mich dabei,
dass ich mich einfach mit Zuständen abfinde,
wie sie nun einmal sind:
Elenden geht es schlecht.
Arme leiden.
Gewalttätige Herrscher unterdrücken ihre Völker.
Korrupte Richter beugen das Recht.

Halte meine Sinne offen dafür,
dass das nicht die Welt ist, die du willst.
Halte meine Hoffnung wach darauf,
dass du die Missstände zum Guten wendest.
Weck in mir die Kraft,
Missständen entgegenzutreten.

Amen.

Dirk Stelter

Geschenk (→ Nachfolge, Gnade, Güte)

Gewalt überwinden

Ich spüre die Gewalt, die ich erlitten habe.
Ich schäme mich für die Gewalt,
die ich zugefügt habe.
Ich denke an die anderen,
die von Gewalt betroffen sind.
Ich träume davon,
heil zu werden von der Gewalt.
Ich zünde ein Licht an
für diesen Traum.

Christine Tergau-Harms

Gewissheit

Wann wird es endlich besser?
Ich warte so sehr darauf.

Kann ich denn nichts tun,
damit es besser wird?
Ist dies etwas, das nur du tun kannst?
Das ist so schwer auszuhalten.

Gott, nimm meine Unruhe
und mach mich gewiss,
dass du es besser werden lässt.
Amen.

Christine Tergau-Harms

Glaubwürdigkeit / Wahrhaftigkeit

Ich bin verstrickt in tausend Widersprüche:
Die Leute sagen: Sei nicht so lasch!
Ich denke: Ja, aber ...
Sie sagen: Leb konsequent!
Ich denke: Aber wenn doch ...
Mein Gewissen steckt fest.

Dabei ist alles ganz einfach,
sagst du, Christus, zu mir:
Zu essen und zu trinken geben,
Menschen aufnehmen, kleiden, besuchen.
Du sagst: Mach es einfach! Mach es einfach.
Das Leben ist nicht kompliziert, sagst du.
Ich kann es kaum glauben, Christus.

Ralf Drewes

Gnade (siehe auch → Güte)

Manche schauen auf mich herunter –
und verachten mich.
Sie belegen mich mit Schimpfwörtern.

Manche schauen zu mir herauf –
und himmeln mich an.
Sie heften mir Lobreden an.

Manche sehen durch mich hindurch –
ich bin ihnen gleichgültig.
Sie haben nicht einmal ein Wort,
mit dem sie mich nennen würden.

Du, Gott, hast mich bei meinem Namen gerufen.
Du kennst mich, wie ich bin.
Dir gehöre ich.
Amen.

Dirk Stelter

Güte

Die Erde ist voll von deiner Güte, Gott.
Wenn ich aufmerksam bin,
spüre ich deine Gegenwart
in den Menschen, die mich bestärken,
in der Freundin, die mich tröstet,
in dem Freund, der mir Mut zuspricht,
in den Mitmenschen, die mich kritisieren.
Ich verlasse mich darauf, dass du immer dabei bist.
Danke, gütiger Gott.

Heike Hinsch

Heimat

Gott,
wenn mein Glaube ins Wanken gerät,
lass mich Halt finden im Glauben meiner Schwester.
Und wenn die Seele meines Bruders sich im Dunkel verirrt,
lass ihn Geborgenheit und Schutz in meinem Haus finden.
Öffne unsre Augen, Gott.
Mache unsere Herzen weit,
dass wir füreinander da sind –
so wie du für uns da bist.

Amen.

                        Bettina Praßler-Kröncke

Herbst

Warmes Licht –
und erdene Farben.
Goldener Herbst.

Jahreszeit –
Lebenszeit.

Eine gute Zeit.

Danke, Gott.

                Fritz Baltruweit

siehe auch ➔ Alter

Himmel

Sehe ich die Himmel,
deiner Finger Werk,
den Mond und die Sterne,
die du bereitet hast:
Was ist der Mensch,
dass du seiner gedenkst,
und des Menschen Kind,
dass du dich seiner annimmst?

aus Psalm 8,4+5

siehe auch ➔ *Himmelfahrt, Radkreuz (S. 174)*

HOCH-Zeit

Hochzeit machen.
Ein Fest feiern.
Wie bereite ich mich vor?
Was ziehe ich an?
Du lädst mich ein, Gott,
zum Fest des Lebens.
Mache du mich auch bereit.
Umkleide mich mit Würde.
Umhülle mich mit Gnade.
Umfange mich mit Liebe.
Lass mich die Musik schon hören,
die erklingt in deinem Reich.

Amen.

Hans Joachim Schliep

Hoffnung

Gott,
der du alles Leben geschaffen hast.

Wie einfach könnte ich
einen Hungrigen satt machen,
einem Traurigen Trost spenden,
einem Nackten Kleidung geben.

Doch meistens scheitere ich daran,
weil ich
nur meinen Hunger fühle,
nur meine Traurigkeit spüre,
nur meine Blöße sehe.

Lass mich
trotz meines Hungers Andere sättigen.

Lass mich
trotz meiner Trauer Andere trösten.

Lass mich
trotz meiner Blöße Andere bekleiden.

Amen.
Renate Hofmann

Innehalten

(Wieder)
Ein Tag voller Eindrücke.
Vieles geht mir nach.
Ich halte einen Moment inne.

Wo bleiben offene Fragen?
Wofür bin ich dankbar?

Wo habe ich Gottes Handschrift entdeckt?
Wo weist sie mir den Weg?

Fritz Baltruweit

Israel / Palästina

Betet nicht für Araber und Juden,
für Palästinenser oder Israelis,
betet vielmehr für euch selbst,
dass ihr sie nicht auseinander reißt in euren Gebeten,
sondern sie zusammenhaltet in euren Herzen.

Ein palästinensischer Christ

siehe auch ➔ *10. Sonntag nach Trinitatis*

Jahreswechsel ➔ Altjahrabend / Neujahrstag

Kind sein

Jemand hält mir die Augen zu.
Wer das wohl ist?

Ich fühle die Hände
und frage mich,
ob ich die Person
an ihren Händen erkennen kann.

Zwischen den Fingern blinzele ich hindurch,
und die Welt sieht ganz anders aus.

Ich kann es gar nicht erwarten,
mich umzudrehen,
um endlich zu wissen,
wer es ist.
Ich bin voller Vorfreude
auf das Wiedersehen.

Gott, du schickst mir
solche Überraschungen in meinen Tag.
Danke.

Christine Tergau-Harms

Kindergottesdienst

Guter Gott,
wir danken dir für diesen Tag.
Jeder Tag ist ein Geschenk an uns,
jeder Tag ist wie ein kleiner Schatz.
Segne du unser Zusammensein
und sei uns nah.

Amen.

Albert Wieblitz

**Kirche → Reformationstag / Glaubwürdigkeit / Einheit
(bzw. Kirche erneuern)**

Klage

Gott, warum bist du so ferne?
Warum entziehst du dich?

Ich fühle mich wie Wachs, das zerschmilzt.
Ich fühle mich einsam und verlassen.
Umhergetrieben wie ein Schiff auf dem offenen Meer –
und kein Land in Sicht.

Schau doch nicht weg.
Zeige dich wieder in deiner Güte.

Lass uns nicht allein.
Wir brauchen dich, Gott.
Heute mehr denn je.

Amen.

Jochen Arnold

Konfirmation

Gott,
lange haben wir uns auf den heutigen Tag vorbereitet –
haben ihn herbeigesehnt.
Nun ist er da.
Mach du den heutigen Tag zu einem richtigen Festtag –
schenke ihm durch dein Wort und durch deinen Segen
die Tiefe, die trägt –
auch weit über diesen Tag hinaus.
Lass diesen Tag ein Zeichen sein,
dass es sich lohnt,
unser Leben in deine Hand zu legen.

Fritz Baltruweit – zusammen mit Konfirmanden

Kraft

Guter Gott,
mit ganzem Herzen möchte ich glauben,
mit ganzem Herzen möchte ich lieben,
mit ganzen Herzen möchte ich helfen.

Gib mir die Kraft dazu.

Amen.
Dirk Stelter

Krank

Gott,
zu dir rufe ich.

In mir ist es finster,
aber bei dir ist das Licht.

Ich bin einsam,
aber du verlässt mich nicht.

Ich bin kleinmütig,
aber bei dir ist die Hilfe.

Ich bin unruhig,
aber bei dir ist der Friede.

In mir ist Bitterkeit,
aber bei dir ist die Geduld.

Ich verstehe deine Wege nicht,
aber du weißt den Weg für mich.

Dietrich Bonhoeffer

Kultur/en

Du Gott aller Menschen,
in wunderbarer Vielfalt der Sprachen und Kulturen
hast du alle Menschen nach deinem Bild geschaffen.

Befreie uns von Vorurteilen und Ängsten,
damit wir in den Gesichtern aller Menschen
überall
dein Gesicht sehen,
durch Jesus Christus,
unseren Retter und Herrn.

Lutherischer Weltbund

Licht

Gott,
lass deinen Stern über uns aufgehen,
der unser Leben
in das Licht deiner Verheißung stellt.

Führ unser Leben
aus dem Alltag
in das Licht der Freude.

Amen.

Fritz Baltruweit

siehe auch ➔ *Epiphanias / Okuli (S. 49) /
8. So. nach Trinitatis*

Liebe

Lege mich wie ein Siegel auf dein Herz,
wie ein Siegel auf deinen Arm.
Denn deine Liebe ist stark wie der Tod
und deine Leidenschaft unwiderstehlich
wie das Totenreich.

Du sagst:
Liebesglut ist feurig
und eine Flamme Gottes.
Auch viel Wasser kann diese Glut nicht löschen
und ihren Strom nicht ertränken.

Dein Wort
in Gottes Ohr ...

nach Hohelied 7,6f

Gebete zu verschiedenen Themenkreisen

Lob (→ Jubilate, Kantate, 14. Sonntag nach Trinitatis)

Mission

Herr Jesus Christus,
du hast deine Arme in Liebe ausgestreckt am Holz des Kreuzes,
um alle Menschen in deiner rettenden Umarmung zu umfassen.
Strecke deine Hände aus,
dass die ganze Welt dich erkennt
und liebt,
zur Ehre deines Namens.

Lutherischer Weltbund

Mitleiden → Solidarität

Miteinander

Ich sehne mich.
Die vielen kleinen und großen Lichter in dieser Zeit
verstärken in mir die Sehnsucht nach dem,
was mein Leben hell macht.
Die vielen guten Wünsche in dieser Zeit
verstärken in mir die Sehnsucht
nach einem friedlichen Miteinander in dieser Welt.
Du, Gott, bist das Licht, das nicht vergeht.
Du schenkst Gemeinschaft und Frieden, der hält.
Ich sehne mich nach Dir.
Komm mir entgegen.

Amen.

Michael Riedel-Schneider

Mittag

In der Mitte des Tages
sammele ich meine Gedanken.
Ich denke an dich.

Wenn ich Hunger habe
auf halbem Weg,
bist du da
und stärkst mich.

Auf den Durststrecken
mitten am Tag
bist du da
und erfrischst mich.

Ich lebe von dem,
was ich von dir empfange.
Gott, ich danke dir.

                        Fritz Baltruweit

Mitte des Jahres (auch des Lebens)

In der Mitte des Jahres (des Lebens)
ist »Zeitenwende«:
Die Tage werden wieder kürzer.

Sei Du mit mir, guter Gott
in langen und den kurzen Augenblicken,
in hellen und in dunklen Tagen,
in klaren und in Wende-Zeiten.

In dunklen und hellen Zeiten
möchte ich wachsen
hin zu dir, Gott.

Amen.

                        Fritz Baltruweit

Morgen

Mein Gott,
ich danke dir für diese Nacht,
für die Stunden des Schlafs und der Träume.

Öffne du mich heute
für die Menschen, die mir begegnen.

Zeige mir die Menschen,
die mich brauchen.

Sei du mir nahe – und richte mich auf,
wo es notwendig ist.

Geh mit mir, Schritt für Schritt,
durch diesen Tag.
Amen.

Fritz Baltrwueit

siehe auch → *Prüfung, Körpergebet*
(S. 138 und S. 161)

Nachfolge

Mein Gott,
du hast mich reich beschenkt:
mit dem Leben,
mit Gütern und Gaben,
mit Menschen vor allem, die mir nahe sind,
mit Jesus Christus,
deinem Wort,
deiner Gnade.

Und was gebe ich zurück?
Ich habe viel –
und doch ist es wenig,
was ich zurückgeben kann.

Lass es wenigstens dieses sein:
Dass ich Jesus Christus nachfolge,
ihn mein Licht und meine Wahrheit sein lasse,
ihn bezeuge vor den Menschen,
ihnen mitteile und mit ihnen teile,
was ich von dir empfange.

Amen.

Hans Joachim Schliep

Nacht

Die Sonne sinkt ins Meer –
es geht das letzte Licht.
Hab Dank für diesen Tag.
Bleib da, wenn's dunkel ist,
und schenk uns eine gute Nacht.

Gott, du bleibst wach und nah,
wärmst liebevoll die Welt.
In weitem Erdenrund
lass leuchten dein Gesicht –
und schenk uns eine gute Nacht.

Am Tages Ende: Nacht.
Und wo ich dich vergaß,
wo Hass und Kummer schrei'n,
pflanz deine Hoffnung ein –
und schenk uns eine gute Nacht.

Komm Nacht, komm auf uns zu,
schenk Ruhe, neue Kraft
und heile, was zerbrach.
Gib Frieden, lieber Gott.
Und schenk uns eine gute Nacht.

Fritz Baltruweit

siehe auch ➔ 4. Sonntag nach Epiphanias

Ökumene → Einheit der Kirchen

Orientierung / Sinn

Du hast mir das Kreuz vor Augen gestellt
damit ich mich auf die Suche mache,
damit ich die Richtung finde,
damit ich mich aufrichten und festhalten kann.
Es ist mein Krückstock,
mein Wegweiser,
der Stab des guten Hirten.
Und auch wenn meine Augen dich nicht sehen können,
ich weiß, es ist deine Hand,
die ihn hält
für mich.

Amen.

Torsten Kröncke

siehe auch → *2. Sonntag nach Ostern*

Prüfung

Gott, von dir geht eine große Kraft aus.
Sie will mich stark machen.
Wo ist sie?
Manchmal weiß ich nicht,
woher ich die Kraft nehmen soll.
Bitte mach dich bemerkbar in meinem Alltag,
dass ich deine Kraft spüren kann.

[Herr, erbarme dich – Kyrie eleison]

Manchmal hängt mir noch etwas nach
von dem, was gestern war,
und von der Nacht.

Es liegt wie eine Last auf mir.
Das möchte ich ablegen bei dir,
so als würde ich einen schweren Rucksack
von meinen Schultern nehmen.
Gott, schenke mir Erleichterung
und lass mich Kraft schöpfen.

[Herr, erbarme dich – Kyrie eleison]

Manchmal steht mir etwas bevor,
was mir zu schwer erscheint,
und liegt wie ein Berg vor mir.
Gott, kannst du nicht diesen Berg versetzen,
damit sich ein Weg auftut?
Bitte mach meinen Kopf frei,
mach mein Herz frei
und meine Füße stark,
damit ich meinen Weg gehen kann.

[Herr, erbarme dich – Kyrie eleison]

Gott, es gibt Menschen,
an die ich heute besonders denke.
Und besondere Menschen denken an mich.
Die Kraft dieser Gedanken verbindet uns
und stärkt uns.
Dein ist die Kraft.
Von dir geht sie aus.

Amen.

                              Christine Tergau-Harms

**Rechtfertigung → Glaubwürdigkeit, Reformationsfest,
        23. Sonntag nach Trinitatis, Segen**

Reisesegen

Der Gott, der dich lieb hat, gehe vor dir her,
um dir den richtigen Weg zu zeigen.
Der Gott, der dich lieb hat, gehe hinter dir her,
um für dich da zu sein, wenn du dich verlaufen hast.
Der Gott, der dich lieb hat, sei auch unter dir,
um dich aufzufangen, wenn du fällst.
Der Gott, der dich lieb hat, sei um dich herum,
um dich vor bösen Menschen zu schützen
und dich in den Arm zu nehmen,
wenn dir kalt wird.
Der Gott, der dich lieb hat, sei über dir,
um dich zu segnen.

So begleite dich Gott durch die Tage und Nächte,
auf den Wegen, die vor dir liegen,
geh vor dir her wie Vater und Mutter,
geh neben dir her wie Bruder Christus,
geh von dir aus wie Schwester Geist.

Amen.

nach einem irischen Segenswort

siehe auch ➜ *mit dem Körper beten (S. 171)*

Schuld ➜ Bußtag, Umkehr, 22. Sonntag nach Trinitatis

Schule

Lieber Gott,
bei dir gibt es keine Zensuren.
Das ist gut.

Amen.

Albert Wieblitz

Segen

Ich schaue zurück.
Was habe ich heute schon erlebt?

Ich schaue auf das, was vor mir liegt.
Wohin wird es heute noch gehn?

Ich schaue auf Gottes Wege,
auf die Wegzeichen, die er mir geben will.

Gott, danke für das,
was ich sehe, erfahre.
Begleite mich mit deinem Segen.

Fritz Baltruweit

*siehe auch ➔ (Gut) Aufgehoben,
Augenblick, Gnade, Güte*

Sinn ➔ Orientierung

Solidarität

Gott,
unsere Erde ist nur ein kleines Gestirn im großen Weltall.
An uns liegt es, daraus einen Planeten zu machen,
dessen Geschöpfe nicht von Kriegen gepeinigt werden,
nicht von Hunger und Furcht gequält,
nicht zerrissen in sinnlose Trennung nach Rasse,
Hautfarbe oder Weltanschauung.
Gib uns den Mut und die Voraussicht,
schon heute mit diesem Werk zu beginnen,
damit unsere Kinder und Kindeskinder einst mit Stolz
den Namen Mensch tragen.

Amen.

Gebet der Vereinten Nationen

Wir können nur mit Gott reden,
wenn wir unsere Arme um die Welt legen.

Martin Buber

Sommer

Herr,
es gibt Leute, die behaupten:
Der Sommer käme nicht von dir –
und begründen mit allerlei und vielerlei Tamtam
und Wissenschaft und Hokuspokus,
dass keine Jahreszeit von dir geschaffen –
und dass ein Kindskopf jeder,
der es glaubt ...,
und dass dich noch keiner bewiesen hätte
und dass du nur ein Hirngesprinst seist.

Ich aber hör nicht drauf
und hülle mich in deine Wärme
und saug mich voll mit Sonne
und lass die klugen Rechner um die Wette laufen.
Ich trink den Sommer wie den Wein.
Die Tage kommen groß daher –
und abends kann man unter deinem Himmel sitzen
und sich freuen,
dass wir sind
und unter deinen Augen
leben.

Hanns Dieter Hüsch

aus: Psalmen für alle Tage,
tvd-Verlag Düsseldorf, S.62

Sorgen

Ach Gott,
mich drücken schwere Sorgen,
vom Abend bis zum Morgen
währt meine Not –
Ach Sorgen,
werdet ihr denn alle Morgen
und alle Tage wieder neu?
Wer steht mir denn in meinem Kummer bei?

Wie kommt nur in mein Leben Licht?

– Stille –

Auf Gott steht meine Zuversicht,
mein Glaube lässt ihn walten,
daran will ich mich halten.

Johann Sebastian Bach

nach Bach-Werke-Verzeichnis 138

Spuren (Gottes)

Gott,
wir können dich nicht sehen.
Nicht mit dem Fernrohr –
und auch mit dem Mikroskop finden wir dich nicht.
Aber du bist da.
Du umgibst uns wie die Luft.
Und manchmal – wenn wir genau hinsehen –
entdecken wir deine Spuren in unserem Leben.
Wir vertrauen darauf,
dass du bei uns bist.

Amen.

Albert Wieblitz

Sterben

Herr, unser Gott,
in dieser schweren Stunde suchen wir dich.

Wir können nicht helfen.
Du bist unsere einzige Zuflucht.

Steh (Name) gnädig bei.
Sei mit ihr/ihm in der letzten Not.

Erlöse sie/ihn.
Nimm sie/ihn auf in dein ewiges Reich.

Vater unser ...

Sterbesegen:
Der barmherzige Gott erbarme sich deiner.
Er sei dir gnädig
und führe dich in sein ewiges Reich.
Amen.

siehe auch ➜ *Psalm 23 (S. 57)*
➜ *Abschied, Tod*

Stress

Anforderungen,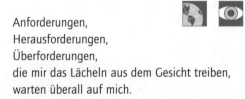
Herausforderungen,
Überforderungen,
die mir das Lächeln aus dem Gesicht treiben,
warten überall auf mich.

Doch du, Gott,
bist an meiner Seite
und forderst nichts Unmögliches von mir.

Du nimmst mich an wie ich bin.
... und das Lächeln kommt zurück zu mir.
Danke,
guter Gott!

         Heike Hinsch

Taufe/Tauftag

Gott,
wir taufen heute unser Kind –
und drücken damit unsere Hoffnung aus,
dass du es segnest.
Erweise du an ihm deine Güte.
Sei wie eine Freundin zu ihm,
wie ein guter Freund.
Führe es auf rechter Straße
um deines Namens willen.
In Gefahren beschütze es.
In Angst begleite es.
Lass es so aufwachsen,
dass es sich am Leben freuen
und anderen Freude bereiten kann.
Und gebe du uns Augen für gewährtes Glück
und Tapferkeit nach versagten Träumen.

Segne du uns,
dass wir liebevoll zusammen leben können
in deinem Sinn.
Amen.

      Fritz Baltruweit / nach Psalm 23

Zu Tisch

Was ist das für ein erhebendes Gefühl,
wenn ich an einen Tisch trete,
der festlich gedeckt ist
für mich.

Und wenn ich selbst den Tisch decke
für eine besondere Begegnung,
bin ich in Gedanken vertieft
in das, was gleich sein wird.
Voller Vorfreude
und Aufregung.

Gott,
du deckst mir den Tisch
und freust dich auf mich.
Du schenkst mir dieses erhebende Gefühl
und die Schönheit deines Raumes.

Daran denke ich,
wenn ich deinen Altar anschaue.
Aber auch
wenn ich meinen Esstisch anschaue
an einem ganz normalen Tag.
Amen.

Christine Tergau-Harms

Tod

Gott,
deiner Stimme,
deinem Ruf,
deinen liebenden Armen
vertrauen wir (Name) an.
In deine Hände
befehlen wir ihren/seinen Geist.

Schenk ihr/ihm ein gutes Zuhause.

Wir danken dir für alles,
was (Name) aus deiner Hand empfangen durfte.

Gott,
sei du mit allen,
die (Name) nahe stehen.
Schenk ihnen gerade jetzt deine Nähe,
deinen Trost,
deine Kraft,
damit sie mit der großen Lücke,
die entstanden ist,
leben lernen können.

Und lass uns den Wert der Tage ermessen,
die uns füreinander gegeben sind.

Lass uns bedenken,
dass auch wir sterben müssen.
Lass uns immer wieder deinen Ruf hören,
damit wir uns im Leben und im Sterben
nicht fürchten müssen.
Amen.

Fritz Baltruweit / Agende

siehe auch ➔ *Abschied, Sterben, Zeit*

Trost

Es gibt Tage, da brauche ich Trost.
Eine Hand, die mich zärtlich berührt.
Ein gutes Wort, das meine Seele streichelt.
Nähe, die mich wärmt – auch von innen.
Und einen, der mir sagt: Es wird alles gut.
Es gibt Tage, da brauche ich dich besonders, Gott.
Amen.

Bettina Praßler-Kröncke

Umkehr

Du bist mein Gott.
Du hast dich für diese Welt entschieden.
Du zeigst mir den Weg zur Gerechtigkeit.
So gibst du mich frei.

Ich bin dein Geschöpf.
Aber ich darf mich ändern.
Darum habe ich gelernt, an mir zu arbeiten.
Nun kann ich mich einschätzen
und sehe:
Ich stehe vor dir
als ein dankbarer
und lernfähiger Mensch.
Amen.

Ralf Drewes

Unterwegs

Auf meinem Weg
halte ich einen Augenblick inne.
Ich schaue mich um,
sehe, was um mich herum ist.

– *Stille* –

Ich schaue vor meinem inneren Auge zurück.
Was habe ich heute schon gesehn?
Was habe ich erlebt?

– *Stille* –

Und ich schaue auf das, was vor mir liegt.
Wohin wird es heute noch gehen?

– Stille –

Ich schaue auf Gottes Wege,
auf die Wegzeichen, die er mir geben will.

– Stille –

Gott –
danke für das,
was ich erlebe, was ich erfahre.
Wenn es jetzt weitergeht,
begleite mich mit deinem Segen.
Amen.

                                    Fritz Baltruweit

(Miteinander) Verbunden

Manchmal
fühle ich mich mit einer mir fremden Person verwandt,
weil ich in ihrer Not
etwas aus meiner eigenen Geschichte entziffern kann.

Manchmal
gehöre ich mit vielen unbekannten Menschen zu einer Familie,
weil wir unsere Träume
im selben Lied zum Klingen bringen.

Manchmal
wird uns ein Mensch zum Bruder,
weil wir in die selbe Richtung sehen,
aus der uns ein Licht entgegenkommt.

Du hast uns zärtlich
und geheimnisvoll aneinander gebunden.
Lass uns bloß nicht los.

                              Christine Behler

Vertrauen

Lieber Gott,
wir danken dir für alle Freude,
für jedes Lachen
und für jede glückliche Stunde.
Du willst uns behüten und bewahren.
Darauf können wir vertrauen.

Amen.
Albert Wieblitz

Du treuer Gott,
ich weiß:
bei allem, was ich tue, bist du dabei.
Du bist dabei, wenn es gut läuft;
du bist dabei, wenn ich Fehler mache.
Schenk mir Kraft,
meine Fehler anzuschauen,
auf dich zu vertrauen
und neue Wege zu gehen.

Amen.

Wahl

Gott,
wir haben die Wahl.
Welche Richtung ist richtig?
Welcher Weg ist verheißungsvoll?

Wie gut ist es zu wissen:
Bei allem, was wir tun,
bist du dabei.

Zeige uns, was zu tun ist.

Und zeige uns,
wie wir miteinander umgehen können –
mit den Gewinnern
und mit den Verlierern,
mit denen wir Schwierigkeiten haben,
und mit denen, die uns nahe stehn.

Amen.

Fritz Baltruweit

Wahrheit

Ewiger Gott,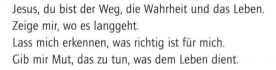
im Licht deiner Wahrheit
ist alles, was ich tue, Stückwerk.
Im Licht deiner Wahrheit
erkenne ich meine Unaufrichtigkeit.

Jesus, du bist der Weg, die Wahrheit und das Leben.
Zeige mir, wo es langgeht.
Lass mich erkennen, was richtig ist für mich.
Gib mir Mut, das zu tun, was dem Leben dient.

(Gesungen oder gesprochen):
O komm, du Geist der Wahrheit,
und kehre bei uns ein.
Verbreite Licht und Klarheit
Verbanne Trug und Schein.
Gieß aus dein heilig Feuer,
rühr Herz und Lippen an,
dass jeglicher Getreuer,
den Herrn bekennen kann.

Jochen Arnold

Weg

Manche Wege sind so schwer, Gott.
Ganz auf mich allein gestellt.
Keiner da, der mich an die Hand nimmt.
Woher soll ich die Kraft nehmen?

Sei du an meiner Seite.
Nimm mich mit.
Lass mich Liebe finden.
Und das Leben.

Amen.

Torsten Kröncke

Weihnachten

Guter Gott,
du bist Menschenkind geworden,
damit wir dich begreifen.
In der Geburt eines Kindes
gibst du dich selbst
und stiftest Frieden.
Lass uns dich aufnehmen,
dich und deine Botschaft,
dass es Weihnachten werde
in uns
und unter uns.

Amen.

Friedrich Karl Barth

Winter

Der Winter fällt mir schwer, Gott.
Es ist dunkel und kalt.
Ich friere so leicht.

Danke für meine Wolldecke.
Ich will mich einhüllen
und es mir gemütlich machen.

Ich möchte mich an dich erinnern, Gott,
wie du mich birgst
und wärmst.
Amen.
                          Christine Tergau-Harms

Wenn die Bäume kahl werden im Winter,
dann erstaunt mich manchmal
ihre Gestalt.
Der eine trägt Äste wie Haare,
und der Wind lässt sie wehen.
Der andere steht knorrig und geheimnisvoll gebogen,
und schwarze Vögel gehören dazu.

Blätter hatten die Gestalt der Bäume eingehüllt,
jetzt, wenn die Blätter gefallen sind,
wird sie sichtbar.

Wenn mir der Winter auf die Seele schlägt
weil alles so trostlos und grau ist,
dann erinnere mich an die Gestalt der Bäume, Gott.

Es hat doch etwas Gutes,
wenn Dinge klarer werden
und ich Strukturen erkennen kann. → *Fortsetzung S. 154*

Lass den Winter
eine solche Zeit für mich sein.
In der ich mir klarer werde
und ich etwas entdecke,
das mich erstaunt.

Amen.

                                            Christine Tergau-Harms

---

Wort Gottes

Dein Wort ist meines Fußes Leuchte
und ein Licht auf meinen Wegen.
So lese ich in der Bibel.
Diese Klarheit wünsche ich mir, Gott –
diese Klarheit, die von deinem Wort ausstrahlt.

Doch wie finde ich dein Wort?
Wie finde ich dieses Wort, das mir den Weg leuchtet
inmitten all der Wörter,
die Menschen um mich herum sprechen,
die ich aus Radio und Fernsehen höre?
Ja, wie finde ich es inmitten all der Wörter,
die die Bibel füllen?

Öffne mich
für dein Wort, das mir den Weg weist,
für dein Wort, das mich in Bewegung setzt.

Amen.

                                        Dirk Stelter

Wunder

Manchmal denke ich:
Es geht nicht mehr,
keinen Schritt weiter.
Und dann geschieht das Wunder:
Du stellst mich wieder auf die Füße.

Gott,
ich danke dir für deine Wunder!
Amen.

Fritz Baltruweit

Zärtlichkeit

Gott,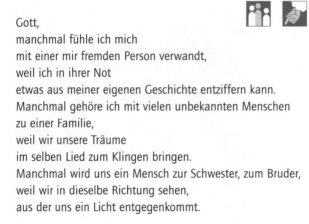
manchmal fühle ich mich
mit einer mir fremden Person verwandt,
weil ich in ihrer Not
etwas aus meiner eigenen Geschichte entziffern kann.
Manchmal gehöre ich mit vielen unbekannten Menschen
zu einer Familie,
weil wir unsere Träume
im selben Lied zum Klingen bringen.
Manchmal wird uns ein Mensch zur Schwester, zum Bruder,
weil wir in dieselbe Richtung sehen,
aus der uns ein Licht entgegenkommt.

Du hast uns zärtlich
und geheimnisvoll aneinander gebunden.
Lass uns bloß nicht los.

Christine Behler

siehe auch ➔ *Gründonnerstag*

Zeit

Gott,
geliehen ist unsere Zeit,
anvertraut von dir.
Hilf uns,
dass wir das Ziel deiner Welt
nicht aus den Augen verlieren
in unserer Zeit.
Hilf,
dass wir Menschen werden,
die dir entgegengehen.

Amen.

Fritz Baltruweit

Foto zu den Stichworten »Zeit« (s.o.) und »Nachfolge« (S. 136), von der Foto-CD zu diesem Buch.

Mit dem Körper beten

Im Eröffnungsteil des Gottesdienstes geht es zunächst in besonderer Weise darum, dass Menschen »ankommen« können, das heißt den Übergang aus der Alltagswelt in den Gottesdienst vollziehen können. Das ist nicht immer einfach. Es muss erst einmal Raum haben, was in mir ist an Gefühlen und Gedanken. Eine Zeit, in der die Dinge sortiert und bewusst gemacht werden können. Was in der vergangenen Woche war, wird noch einmal bedacht, was in der neuen Woche sein wird, soll vorbereitet werden. Dafür wird um Gott um Kraft und Zuspruch gebeten. Das Tagesgebet braucht deshalb nicht nur den Bezug auf das kirchenjahreszeitliche Thema, sondern macht in besonderer Weise die existenzielle Situation der feiernden Menschen am Beginn des Gottesdienstes zum Thema. Es braucht eine besondere Form der Aufmerksamkeit der Betenden auf sich selbst, ein Nach-innen-Horchen, und gerade die Ambivalenzen des Lebens und die »unfrommen« Zweifel sollen hier unbefangen ausgesprochen werden.

Im Evangelischen Gottesdienstbuch ist dieser Aspekt unter dem Stichwort »Abholung aus der Situation« im Abschnitt »Vorbereitungsgebete« zu finden. In vielen Gottesdiensten hat aber gerade das Tagesgebet den Charakter eines Vorbereitungsgebetes.

Das Nach-innen-Horchen wird manchmal erleichtert, wenn es nicht allein als geistige Übung vollzogen wird, sondern die Wahrnehmungsorgane des Körpers zu Hilfe genommen werden, um nach innen zu spüren. Der Körper macht die existenzielle Situation deutlich, bevor sie überhaupt bewusst wird, die Schultern sind verspannt, bevor ich mich frage, welche Last auf ihnen liegt.

Deshalb schlagen wir an einigen Stellen vor, über die aufmerksame Wahrnehmung des Körpers das Gebet zu beginnen und auf diese Weise die existenzielle Situation der Betenden »hautnah« zu thematisieren. Manche der vorgeschlagenen Gebete rufen geradezu danach. Dies ließe sich beliebig ausbauen und variieren.

Andererseits können kleine Gebärden und Gesten helfen, das einzuüben, um das man bittet: aufrechte Aufrichtigkeit, Durchatmen, Loslassen. Unsere normale, leicht gebeugte Gebetshaltung thematisiert den Aspekt der Demut und der Bitte. Die nach oben geöffnete aufrechte Gebetshaltung (Orante-Haltung) ist meist nur den Liturginnen und Liturgen vorbehalten, ganz zu schweigen vom himmelhoch jauchzenden Strecken der Arme – einer immerhin biblischen Gebetshaltung. Hier wäre es schön, alte Traditionen wieder zu entdecken, ohne eine Gottesdienstgemeinde zu überfordern.

Beten mit dem Körper – das geht am leichtesten im stillen Kämmerlein, dem Ort, den Jesus in besonderer Weise für das Beten empfahl. Die folgenden Anregungen sind deshalb zuerst für das stille Kämmerlein gedacht. Denn bevor ich als Liturgin oder Liturg im Gottesdienst ein Gebet spreche, »übe« ich das Gebet zuhause – oder in der Sakristei. Das ist aber kein Üben, sondern ein Beten.

Bei der Vorbereitung auf den Gottesdienst können mir einfache Gesten helfen, die Worte des Gebetes mit dem Körper zu erfassen, mir die Bilder eines Gebetes bewusst zu machen und meine Anspannung vor dem Gottesdienst etwas zu lösen. Später im Gottesdienst kann ich mich im Moment des Sprechens kurz an die Bilder und Gesten erinnern. Und das Überraschende ist: Wenn ich beim Beten etwas »sehe«, sehen die Mitfeiernden es auch. Es kann dann nicht »heruntergebetet« sein.

Natürlich ist es wünschenswert, dass auch der Gemeinde im Gottesdienst eine ganzheitliche Weise des Betens möglich ist. Die vorgeschlagenen Gesten haben deshalb die Gottesdienstsituation im Blick und sind so einfach und teilweise minimalistisch, dass auch eine Gemeinde in Kirchenbänken sie mitvollziehen kann, ohne sich damit unwohl zu fühlen – hoffentlich. In diesem Fall stelle ich als Liturgin oder Liturg der Gemeinde die Gesten vor und vollziehe sie selbst mit. Dazu ist es gut, wenn ich die Hände frei habe, also das Gebet auswendig sprechen kann oder es vor mir auf dem Altar liegt. Es kann auch von einer zweiten Person gesprochen werden.

Hier ist es am leichtesten, mit der bewussten Wahrnehmung dessen einzusteigen, was man im Gottesdienst sowieso tut (z.B. Atmen) oder unbefangen tun würde (z.B. Hand öffnen, Kopf drehen o.ä.).

Dennoch ist hier besonderes Fingerspitzengefühl gefragt, weil das vielen unvertraut ist. Die Einleitungen müssen deshalb so formuliert sein, dass absolute Freiwilligkeit gewährleistet ist, niemand genötigt oder abgewertet wird, aber auch nicht eine Art von unausgesprochenem Gruppendruck entsteht, weil man auffällt, wenn man aus der Reihe tanzt. Wenn die Einleitung mich einlädt, die für mich heute morgen angemessene Weise des Betens zu finden, dann gibt es kein richtig oder falsch.

Christine Tergau-Harms

1. Vorschläge zu Gebeten aus diesem Buch

2. Sonntag nach Epiphanias *(vgl. S. 39)*

Gott,
manchmal öffnest du für uns den Himmel.
Und du gewährst uns kleine Einblicke
in deinen großen Plan.

> *Hände gerade nach oben führen,*
> *Handflächen zeigen zueinander,*
> *und zur Seite öffnen.*

Wir sind Teile in deinem großen Ganzen –
wie Zahnräder ineinander greifen
und mit jeder Drehung eine neue Verbindung schaffen.

> *Fingerspitzen wie Zähne der Zahnräder*
> *ineinander greifen lassen,*
> *von Daumen ausgehend in einer Bewegung*
> *bis zu den kleinen Fingern.*
> *Handgelenke drehen sich leicht nach außen.*

Was können wir geben?
Was ist uns gegeben?

> *Hände zur Schale formen.*

Gott, setz uns in Bewegung
und gib uns Schwung – auf dich zu.

> *Nacheinander gestreckte Arme langsam rückwärts*
> *kreisen lassen (wie Rückenschwimmen).*

3. Sonntag nach Ostern *(vgl. S. 59)*

Wenn mir die Tränen in den Augen stehen,
> *Mit den Mittelfingern die Tränendrüsen*
> *in den Augen sanft berühren.*

wischst du die Trauer ab
und lässt meine Augen vor Freude strahlen.
> *Mit den Fingerkuppen von innen*
> *nach außen über die Augen wischen,*
> *und – wenn man mag – das Unterlid nach unten ziehen*
> *und danach das Oberlid nach oben ziehen.*

Wenn mein Gesicht fahl ist,
> *Mit flachen Händen die Wangen flach drücken*
> *und nach unten ziehen, Kiefer fallen lassen.*

schüttelst du die Sorgen ab und lässt es leuchten.
> *Hände locker ausschütteln.*

Wenn meine Kehle sich zuschnürt,
> *Mit beiden Händen vorn und*
> *hinten den Hals fassen.*

öffnest du den Würgegriff der Angst
und füllst meinen Mund mit Jubel.
> *Hals loslassen, Lippen zum lautlosen*
> *staunenden »O!« öffnen.*

Wenn die Nacht am schwärzesten ist,
> *Kopf nach vorn beugen und*
> *die Arme vor den Augen verschränken.*

lässt du den neuen Tag beginnen.
Amen.
> *Arme lösen und leicht zur Seite öffnen,*
> *Handinnenflächen zeigen nach oben.*

4. Sonntag nach Ostern – ein Gebet für mich *(vgl. S. 60)*

Frühmorgens beim Aufstehen, auf der Bettkante sitzend.

Meine Seele grünt.
Mit den Fingern die Haare vom Ansatz nach außen ziehen.

Meine Wurzeln geben mir Kraft.
Füße strecken, Knöchel kreisen lassen.

Ich strecke mich aus. Erobere die Welt mit Lust.
Arme räkeln.

Singe und bin fröhlich in dir, mein Gott.
Herzhaft gähnen.

Amen.
Aufstehen.

Mache ich das nicht sowieso jeden Morgen?
So einfach wird's ein Gebet.

6. Sonntag nach Ostern *(vgl. S. 63)*

Ein Baum möchte ich sein vor dir, Gott.
Meine Arme Zweigen gleich
deinem Licht entgegenstrecken.

> *Im Stehen die Hände seitlich am Körper nach oben bis Augenhöhe führen und Finger langsam spreizen, Handinnenflächen zeigen zum Körper. Ellenbogen bleiben am Körper.*
> *(Anmerkung: Das ist im Rahmen eines Gottesdienstes für viele angenehmer, als die Arme ganz nach oben auszustrecken – was natürlich auch möglich ist.)*

Meine Wurzeln
in deiner Liebe fest verankert wissen,
dass deine Kraft mich stärke,
deine Fülle mich erfülle,
dein Geist mich durchdringe.

> *Gewicht verlagern von einem Bein auf das andere, bei jedem Halbsatz aufs Neue.*

Mit jedem Herzschlag
möchte ich spüren können:

> *Rechte Hand auf das Herz legen.*

Ich lebe aus dir –

> *Linke Hand darüber legen.*

und du, Gott, lebst in mir.
Amen.

9. Sonntag nach Trinitatis *(vgl. S. 74)*

Gott,
du hast mir eine Stimme gegeben,
damit ich sagen kann,
was mich stört und was mich freut.
> *Hände seitlich an den Kehlkopf legen,*
> *Ton summen und die Schwingung spüren.*

Gott,
du hast mir Ohren gegeben,
damit ich höre,
wo Not ist und wo die Freude wohnt.
> *Hände hinter die Ohrmuschel legen und spüren,*
> *wie viel deutlicher man hört.*

Gott,
du hast mir Augen gegeben,
damit ich sehe,
wo ich gebraucht werde.
> *Hände kurz auf die Augen legen,*
> *dann wieder loslassen und Augen öffnen*
> *und beobachten,*
> *wie das verschwommene Bild wieder scharf wird.*

Gott,
du hast mir Hände gegeben,
damit ich meinen Worten
Taten folgen lasse.
> *Hände falten.*

Gott,
ich danke dir.

Amen.

*Foto zum Stichwort »Ferien« (S. 115),
von der Foto-CD zu diesem Buch.*

16. Sonntag nach Trinitatis *(vgl. S. 81)*

> *Mit den Händen um den Oberkörper auf den Rücken*
> *greifen, als wollte man sich selbst ganz fest umarmen.*
> *Armmuskeln anspannen und Brustkorb zusammendrücken*
> *(Angst kommt von Enge.).*

Gott, du Kraft des Lebens,
auf deinen Geist hoffe ich.

Denn Furcht umschließt mich
und engt mich ein,
Sorge umklammert mich
und lastet schwer,
Angst nimmt mich gefangen
und schnürt mich ab.

> *Arme lösen, leicht in die Knie gehen*
> *und die Hände auf dem Oberschenkel abstützen.*

Stärke du mich, Gott,
dass ich wieder atmen kann.
Schenke du mir Halt,
dass ich wieder leben kann
und die Weite deiner Welt entdecke.
Amen.

> *Becken nach vorn kippen und die Wirbelsäule langsam*
> *Wirbel für Wirbel aufrichten. Irgendwann die Hände*
> *von den Oberschenkeln lösen und leicht zur Seite öffnen,*
> *Handinnenflächen zeigen nach vorn.*

Anfang *(vgl. S. 102)*

Anleitung zum Gebrauch:
An einem schönen Morgen tritt aus deiner Wohnung
ins Freie, richte dich nach Osten aus, der Sonne entgegen,
schließe die Augen und atme sieben Mal tief ein und aus.
Dann sprich:

Gott,
wie schön ist es,
wenn etwas neu anfängt,
eine erste Idee,
die das Licht der Welt erblickt,
eine erste Begegnung,
die mich aufblühen lässt.

Ich bin wie verwandelt –
die Sonne lacht mir zu.
Und dann bist da auch noch du,
mein Gott.
Ich danke dir.

Amen.

Augenblick *(vgl. S. 106)*

> *Anleitung zum Gebrauch:*
> *Stell dich mitten in dein unaufgeräumtes Zimmer*
> *und zwinkere einmal bewusst mit den Augen.*

Ein Augenblick.

> *Schau dir die Gegenstände in deinem Zimmer*
> *einen Augenblick lang aufmerksam an,*
> *nenne im Stillen ihre Namen (Gardine, Kerze, ...)*
> *und zwinkere für jeden Gegenstand einmal bewusst*
> *mit den Augen, bevor du dich dem nächsten zuwendest.*

Blicke miteinander verwoben ...

> *Schließ die Augen und stell dir vor,*
> *wen du heute gern sehen würdest,*
> *wessen Blick du heute gern mit deinem Blick*
> *verweben würdest.*

... bis in die Zehenspitzen.

> *Lass die Wärme dieses Blicks von deinen Augen*
> *durch deinen Körper wandern bis in deine Zehenspitzen.*
> *Wenn er da angekommen ist, bewege die Zehenspitzen.*

Ein Augenblick.
Eine ganze Ewigkeit.

> *Du fragst: Wozu das Ganze?*
> *Du wirst aufmerksamer hinschauen heute.*
> *Und du wirst mehr Zeit haben.*
> *Du wirst sehen.*

Geschenkte Zeit.
Danke!

Befreiung *(vgl. S. 108)*

Ich sehe Stillstand.
> *Starr auf einen Punkt schauen.*

Du siehst Bewegung.
> *Blick über eine Landschaft schweifen lassen.*

Mir stockt der Atem.
> *Atem anhalten.*

Du schaffst mir Luft.
> *Tief ausatmen und einatmen.*

Mich drücken Lasten.
> *Hände an den Schulteransatz fassen und herunterziehen.*

Du schenkst mir Hoffnung.
> *Hände den Nacken hinauf bis zum Hinterkopf streichen.*

Du lässt mich wissen: Ich bin dein Kind.
> *Arme seitlich öffnen und sinken lassen.*

Amen.

Erneuerung (Weinstock – Reben) *(vgl. S. 113)*

*Ein Gebet für alle, die in der Gefahr sind, immer nur
Frucht bringen zu wollen, und vergessen, dass die Reben des
Weinstocks sich in der Sonne räkeln müssen, damit die
Trauben gut wachsen. Gesichtsmassage mit Traubenkernöl
und Gebet.*

Frucht bringen
wie die Reben am Weinstock –
das habe ich im Ohr.
Es klingt wie ein Auftrag.
Und zwischen Tatendrang und Ausgebranntsein
erschöpfe ich mich.

Gott, bitte erinnere mich
an das, was vor dem Auftrag ist:
dass ich verwurzelt bin in dir
und mich sonnen kann in deiner Wärme.
Das braucht Zeit.

*Mit den Ringfingern einen Tropfen Traubenkernöl
von der Stirnmitte über die Augenbrauenbögen streichen
und von da aus in alle Vertiefungen des Gesichts –
Schläfe, unter den Augen, seitlich der Nase, unter dem
Wangenknochen, am Kinn – und wo man mag.*

(Wiederholung)
Gott, bitte erinnere mich
an das, was vor dem Auftrag ist:
dass ich verwurzelt bin in dir
und mich sonnen kann in deiner Wärme
Das braucht Zeit.

Ich schöpfe aus der Tiefe und aus der Höhe.
So kann ich schöpferisch werden.

Amen.

Geist / Begeisterung *(vgl. S. 120)*

Wie ein frischer Lufthauch mich erfrischt,
wenn ich verschwitzt und matt bin,
> *Luft nach oben durch das eigene Gesicht pusten –*
> *wie man es tut, wenn man schwitzt.*

wie Rückenwind mich beflügelt,
wenn meine Glieder lahm werden,
> *Gewicht nach hinten auf die Fersen verlagern,*
> *Arme ausbreiten, als stände man am Meer*
> *und würde sich an den Rückenwind lehnen.*

wie Gegenwind mich zweifeln lässt,
ob der eingeschlagene Weg noch der richtige ist,
> *Gewicht nach vorne auf die Zehenspitzen verlagern,*
> *als würde man sich gegen den Gegenwind stemmen.*

so, Gott,
schicke mir deinen Geist.

Amen.

Reisesegen *(vgl. S. 140)*

> *Lasst uns aufstehn*
> *und Gottes Segen empfangen*
> *und weitergeben.*
> *Wir tun das zeichenhaft,*
> *indem wir die rechte Handfläche nach oben öffnen,*
> *um zu empfangen,*
> *und die linke Handfläche nach unten öffnen,*
> *um weiterzugeben.*
> *Und vielleicht finden wir eine Hand neben uns,*
> *von der wir etwas empfangen,*
> *und eine,*
> *der wir etwas weitergeben.*
> *Nicht irgend etwas,*
> *sondern Gottes Segen.*
> *Wir wollen uns diesen Segen zusagen lassen.*

Der Gott, der dich lieb hat, gehe vor dir her,
um dir den richtigen Weg zu zeigen.
Der Gott, der dich lieb hat, gehe hinter dir her,
um für dich da zu sein, wenn du dich verlaufen hast.
Der Gott, der dich lieb hat, sei auch unter dir,
um dich aufzufangen, wenn du fällst.
Der Gott, der dich lieb hat, sei um dich herum,
um dich vor bösen Menschen zu schützen
und dich in den Arm zu nehmen,
wenn dir kalt wird.
Der Gott, der dich lieb hat, sei über dir,
um dich zu segnen.

So begleite Gott Euch durch die Tage und Nächte,
auf den Wegen, die vor uns liegen.
Geh vor uns her wie Vater und Mutter.
Geh neben uns her wie Bruder Christus.
Geh von uns aus wie Schwester Geist.

Amen.

2. Weitere Vorschläge zu Körpergebeten

Körpergebet

Gott, ich bitte dich für diesen Tag:
Gib mir sicheren Grund unter meine Füße,
dass meine Knöchel nicht wanken.

> *Hände seitlich an den Oberschenkelansatz legen,
> mit etwas Druck.*

Lass mich aufrecht und aufrichtig sein.

> *Hände in die Lendenwirbelsäule legen.*

Lass mich nach innen spüren
und nach außen meine Wärme ausstrahlen.

> *Hände auf das Sonnengeflecht legen.*

Wenn Schuld mich belastet,
wenn mein Herz schwer ist,

> *Rechte Faust auf das Herz legen, linke Faust darüber.*

erlöse mich davon.

> *Fäuste lösen, Hände nach vorne öffnen.*

Mach mich weichherzig
und lass mich wissen, wofür mein Herz schlägt.

> *Rechte Hand flach auf das Herz legen,
> andere Hand darüber.*

Was ich nicht verstehe,

> *Schultern hochziehen.*

will ich deiner Weisheit anvertrauen.

> *Schultern fallen lassen.*

Wisch die Sorgenfalten von meiner Stirn
und gib mir Klarheit in meine Gedanken.

> *Mit den Handrücken von der Stirnmitte aus
> nach außen streichen.*

Leg diesen Tag als Geschenk in meine Hände.
Und richte meine Füße auf den Weg des Friedens.

Amen.

> *Hände sinken lassen und leicht nach vorne öffnen.
> Hände zu Schalen formen.*
>
> *Hier könnte ein Segen zugesprochen werden.
> Die Handschale wäre dann Ausdruck der Bitte um Segen.*

Radkreuz

*Segensbitte mit einer Kerze (im Kerzenbecher),
am besten im Dunkeln im Morgengrauen oder am Abend.*

> *Anleitung:*
> *»Wir zeichnen ein Radkreuz, ein altes christliches Zeichen.*
> *Das ist ein Kreuz mit einem Kreis darum herum.«*

Gott,
segne mich mit deinem Frieden.

> *Mit der Kerze in der rechten Hand
> von der Körpermitte aus im Uhrzeigersinn einen großen Kreis
> vor dem Körper beschreiben. (Rad)*

Der weite Himmel über mir.

> *Kerze nach oben über den Kopf führen.*

Die stille Erde unter mir.

> *Kerze nach unten führen. (Vertikale Kreuzachse)*

Ein Engel zu meiner Rechten.

> *Kerze nach rechts zur Seite führen.*

Ein Engel zu meiner Linken.

> *Kerze in die linke Hand übergeben
> und zur linken Seite führen. (Horizontale Kreuzachse)*

Und Licht in meinem Herzen.

Amen.

> *Kerze vor dem Herzen zur Ruhe kommen lassen.*

Aufrichten zwischen Himmel und Erde

Für den Bereich der Ev.-luth. Landeskirche Hannovers ist das Liederheft »LebensWeisen« zum Kirchentag 2005 zugleich Beiheft zum Evangelischen Gesangbuch. Dieses Beiheft enthält neben den Liedern auch Tagzeitengebete. Aus dem Morgengebet (vgl. LebensWeisen 104) stammt folgender Segen, der als Bitte um Segen für den Tag gesprochen und mit Gebärden verbunden werden kann. Diese Gebärden sind so minimal, dass sie wenig Platz brauchen, also in der Kirchenbank durchführbar sind, und dass sie – hoffentlich – wenig Überwindung kosten. Im Gottesdienst kann diese Bitte die Vorbereitung auf den Empfang des Segens sein.

Einleitung:
»Stelle beide Beine fest auf die Erde
und finde deinen Halt.
Richte dich aus nach oben
und entdecke die Weite über dir.
Spüre dich selbst, deine Mitte,
ausgestreckt zwischen Himmel und Erde,
gehalten und getragen von Gottes Segen.« (LW 104)

> *Einatmen tief in den Bauchraum,
> als würde Kraft von unten aufsteigen.
> Mit den Händen dieses Aufsteigen nachzeichnen.*
>
> *Die anleitende Person macht die Bewegungen vor:
> Hände hängen seitlich am Körper. Beim Einatmen
> werden die Handflächen zum Boden gedreht,
> als würden Sie sich abstützen, und ein wenig nach oben
> geführt, von Oberschenkelhöhe bis Hüfthöhe etwa.*

Ausatmen und sprechen:
Gott, Kraft aus den Tiefen, durchströme mich.

> *Einatmen in den Lungenraum oben,
> als würde Kraft von oben kommen.
> Mit den Händen sie entgegennehmen.
> Die Hände nur im Ellenbogengelenk drehen,
> so dass die Handflächen jetzt nach oben geöffnet sind.
> Oberarme liegen dabei am Körper.*

Ausatmen und sprechen:
Gott, Kraft aus den Höhen, erfülle mich. → *Fortsetzung S. 176*

*Einatmen
und mit den Händen vorne und hinten
die Körpermitte halten.
Eine Hand wird flach auf Bauchnabelhöhe gelegt,
die andere ins Kreuz.*

Ausatmen und sprechen:
Gott, Kraft aus der Mitte, halte mich.

*Einatmen,
die Hände ineinander legen und ruhen lassen –
und den Segen empfangen:*

Gott, segne mir diesen Tag.

Amen.

*An dieser Stelle kann vor dem Amen
der Segen zugesprochen werden.
Dabei ruhen die Hände in der Schlusshaltung der Schale.*

Ideen-Pool Gottesdienst

EKD / VELKD (Hgg.)
Das Evangelische Gottesdienstbuch
Taschenausgabe mit den Kriterien, Grundformen und Ausformungen für alle
Sonntage, Hinweisen zu allen Sonntagen und besonderen Feiertagen, Berlin,
Bielefeld, Hannover 2000
Evangelisches Gottesdienstbuch mit Ergänzungsband, Singheft und Lutherbibel
(CD-Rom), Hannover 2003

Fritz Baltruweit / Jan von Lingen / Christine Tergau-Harms
Hinführungen zu den biblischen Lesungen im Gottesdienst
gemeinsam gottesdienst gestalten 1 – herausgegeben von Jochen Arnold
Einleitungen zu den biblischen Lesungen, Entwicklung des Leitgedankens
des jeweiligen Sonntags im Kontext des Kirchenjahres, viele Hinweise zu
Möglichkeiten, Gottesdienst zu den entsprechenden Texten zu feiern,
Hannover 2004   *– siehe dazu auch die Anzeige auf S. 183 –*

Jochen Arnold / Fritz Baltruweit
Lesungen und Psalmen lebendig gestalten
Dialogische Inszenierungen der biblischen Lesungen
und Psalmgebete im Gottesdienst
gemeinsam gottesdienst gestalten 2 – herausgegeben von Jochen Arnold
Psalmen dialogisch – gemeinsam und im Wechsel komunikativ und nach
Sinneinheiten – oft mit verbindenden Rundgesängen (Antiphon) – Lesungen mit
verteilten Rollen zu Evangelium und Altem Testament – Epistel als gemeinsam
gesprochenes Bekenntnis u.v.a., Hannover 2004
                         – siehe dazu auch die Anzeige auf S. 183 –

Christine Tergau-Harms (Schriftleitung)
Für den Gottesdienst
Zeitschrift des Evangelischen Zentrums für Gottesdienst und Kirchenmusik
Aktuell: Nr. 63 – zu abonnieren über agk@michaeliskloster.de,
www.michaeliskloster.de

Arbeitshilfe zum Evangelischen Gottesdienstbuch
Gestaltungshilfen zu jedem Sonn- und Festtag des Kirchenjahres
Liturgische Konferenz Niedersachsens, erscheint 5x im Jahr
Informationen über das Evangelische Zentrum für Gottesdienst und Kirchenmusik,
agk@michaeliskloster.de, www.michaeliskloster.de.

Fritz Baltruweit / Günter Ruddat,
Ein Arbeitsbuch zum Evangelischen Gottesdienstbuch
(Gemeinde gestaltet Gottesdienst 3), Gütersloh 2002
Mit Erklärungen und vielen Gestaltungsvorschlägen zu allen gottesdienstlichen
Stationen (Zeitzeichen 10/03: »Liturgie als Kochbuch«), Anleitungen für die Arbeit
in Gottesdienstvorbereitungsgruppen.

Ein Evangelisches Zeremoniale
Liturgie vorbereiten – Liturgie gestalten – Liturgie verantworten
Mit Erklärungen zum Kirchenraum, Kirchenjahr, Gottesdienst – und einem sehr
umfangreichen Liturgischen Glossar, Gütersloh 2004

Thomas Hirsch-Hüffell
Gottesdienst verstehen und selbst gestalten
»Schritte eines Gottesdienstlehrgangs«, Göttingen, 2002

Erhard Domay / Hanne Köhler
Gottesdienstbuch in gerechter Sprache
Gebete, Lesungen, Fürbitten und Segenssprüche für die Sonn- und Feiertage
des Kirchenjahres, Gütersloh 2003

Peter Helbich
Gottesdienste im Kirchenjahr
mit Gebeten, Meditationen und Segenswünschen für jeden Sonn- und Feiertag,
Hannover 2002

Alexander Deeg u.a. (Hg.)
Der Gottesdienst im christlich-jüdischen Dialog
Liturgische Anregungen, Spannungsfelder, Stolpersteine – für jeden Sonntag im
Kirchenjahr, Gütersloh 2003

Sinfonia Oecumenica, Feiern mit den Kirchen der Welt
Gottesdienstentwürfe aus aller Welt (viersprachig) zu verschiedensten ökumenischen
Themen und den Stationen des Kirchenjahres, Gütersloh 1998

Fritz Baltruweit / Mechthild Werner
Begleitet durch –Jahr und Tag – Gemeinde gestaltet Gottes-Zeiten
mit Gottesdienstentwürfen quer durch das Jahr und ausführliche Kriterienentfaltung
und Vorschläge zur Inszenierung des Gottesdienstes, Gütersloh 2005

Ulrich Meyer
Poetische Texte zu den Lesungen im Kirchenjahr
gemeinsam gottesdienst gestalten 3 – herausgegeben von Jochen Arnold
Texte aus klassischer und zeitgenössischer Dichtung zu den Lesungen
aus dem Alten Testament, Epistel und Evangelium, Hannover 2005
– siehe dazu auch die Anzeige auf S. 183 –

Walter Hollenweger
Das Kirchenjahr inszenieren – alternative Zugänge
zur theologischen Wahrhaftigkeit
Mit Beiträgen zu einzelnen Stationen des Kirchenjahres und Anregungen zur
Inszenierung, Kohlhammer 2002

Hanns Dieter Hüsch: Herr, es gibt Leute, die behaupten ...
aus: Hanns Dieter Hüsch / Uwe Seidel
Ich stehe unter Gottes Schutz
Seite 62, 2003/7
© tvd-Verlag, Düsseldorf 1996

Hans Mayr
Tu dich auf
Schlüssel zu den biblischen Lesungen im Kirchenjahr, Göttingen 2003

Martin Nicol
Einander ins Bild setzen
Dramaturgische Homiletik (Grundlinien, Praxis, Didaktik)
Göttingen 2002

Thomas Kabel
Handbuch Liturgische Präsenz
Zur praktischen Inszenierung des Gottesdienstes
Gütersloh 2001

Playback-Doppel-CD
zu 50 Liedern aus dem Liederheft – eine Hilfe für Gemeinden,
um die Lieder ohne Instrumentalbegleitung singen zu können
Hg.: Evangelisches Zentrum für Gottesdienst und Kirchenmusik

Lebensweisen
Beiheft 05 zum Ev. Gesangbuch (Ausgabe Niedersachsen-Bremen)
© Lutherisches Verlagshaus GmbH, Hannover 2005

*Ausgewählte Internetadressen zu den Stichworten
Gottesdienst und Predigt:*

www.predigten.de
www.kanzelgruss.de
www.evangelischer-gottesdienst.de
www.evangelische-liturgie.de
www.propastoral.de
www.predigtforum.de
www.gottesdienstinstitut.org

Die Beiträge stammen von:

Dr. Jochen Arnold, Direktor des Michaelisklosters Hildesheim, Evangelisches Zentrum für Gottesdienst und Kirchenmusik

Fritz Baltruweit, Pastor, Michaeliskloster Hildesheim, Evangelisches Zentrum für Gottesdienst und Kirchenmusik und Referat für Projekte und Öffentlichkeitsarbeit/Haus kirchlicher Dienste, Hannover

Christine Behler, Gemeindepastorin, Kirchhorst

Ralf Drewes, Schülerpastor im Landesjugendpfarramt/Haus kirchlicher Dienste, Hannover

Heike Hinsch, Synodale, Hardegsen

Dr. Renate Hofmann, Wissenschaftliche Mitarbeiterin an der Theologischen Fakultät der Georg-August-Universität Göttingen und Religionslehrerin am Gymnasium Josefinum in Hildesheim

Torsten Kröncke, Gemeindepastor, Langenhagen

Bettina Praßler-Kröncke, Gemeindepastorin, Langenhagen

Katja Riedel, Referat für Projekte und Öffentlichkeitsarbeit/ Haus kirchlicher Dienste, Hannover

Meike Riedel, Gemeindepastorin, Peine

Michael Riedel-Schneider, Pastor, Projektstelle Dritte Europäische Ökumenische Versammlung 2007, Kirchenamt der EKD, Hannover

Hans Joachim Schliep, Gemeindepastor, Kronsberg/Hannover

Eckard Siggelkow, Pastor im Diakonischen Werk, Hannover

Dirk Stelter, Gemeindepastor und Öffentlichkeitsbeauftragter im Sprengel Hannover, Hannover

Christine Tergau-Harms, Pastorin, Michaeliskloster Hildesheim, Evangelisches Zentrum für Gottesdienst und Kirchenmusik

Albert Wieblitz, Pastor, Arbeitsstelle Ehrenamt und Gemeindeleitung im Haus kirchlicher Dienste, Hannover

Weitere Quellen:

Altjahrsabend – S. 34
Friedrich Karl Barth – Beratungsstelle für Gestaltung, Liturgieentwürfe für das Kirchenjahr, Materialheft 36, Frankfurt/Main 1985, S. 74 (leider vergriffen)

Stichwort Weihnachten – S. 152
Fritz Baltruweit, nach: Beratungsstelle für Gestaltung, Liturgieentwürfe für das Kirchenjahr, Materialheft 36, Frankfurt/Main 1985, S. 40 (leider vergriffen)

Einheit der Kirchen – S. 111
Eröffnungsgottesdienst des Zentralausschusses des Ökumenischen Rates der Kirchen 1997, Ökumenischer Rat der Kirchen, Genf. Zitiert nach: Sinfonia Oecumenica © by Gütersloher Verlagshaus, Gütersloh, in der Verlagsgruppe Random House GmbH, München

Kulturen – S. 132
Päivi Jussila, Gail Ramshaw, »Koinonia: Services and Prayers«, Office for Worship and Congregational Life, Lutherischer Weltbund, Genf 2004, S. 126

Mission – S. 134
Päivi Jussila, Gail Ramshaw, »Koinonia: Services and Prayers«, Office for Worship and Congregational Life, Lutherischer Weltbund, Genf 2004, S. 110

Sterben – S. 144
Handreichung für den seelsorgerlichen Dienst (Agende für ev.-luth. Kirchen und Gemeinden), hrsg. von der Lutherischen Liturgischen Konferenz, Berlin (1958) 2/1966, S. 254f / S. 85

Die Quellenangaben beziehen sich auf die für Herausgeber und Verlag verfügbaren Unterlagen. Sollten gleichwohl hier nicht berücksichtigte Rechte berührt sein, wäre der Verlag für Hinweise dankbar. In folgenden Auflagen werden sie entsprechend aufgenommen, Rechtsansprüche bleiben in jedem Fall gewahrt.

Das Buch haben gemacht:

Dr. Jochen Arnold, geb. 1967, Direktor des Evangelischen Zentrums für Gottesdienst und Kirchenmusik der Evangelisch-lutherischen Landeskirche Hannovers am Michaeliskloster Hildesheim, Studium der ev. Theologie und der Kirchenmusik (A) in Tübingen, Rom und Stuttgart, Kantor und Vikar in Reutlingen, Lehrtätigkeit am Pfarrseminar der Württembergischen Landeskirche im Bereich Gottesdienst und Pastoraltheologie, 2003 Promotion zum Dr. theol. an der Universität Tübingen mit einer Arbeit zur Theologie des Gottesdienstes.
Konzerttätigkeit als Organist, Sänger und Dirigent diverser Ensembles. Etliche CD- und Rundfunkaufnahmen. Veröffentlichungen zu kirchenmusikalischen Themen, Predigtmeditationen, Theologie der Kirchenmusik und zur kirchenmusikalisch-theologischen Ausbildung.

Fritz Baltruweit, geb. 1955, Michaeliskloster Hildesheim, Evangelisches Zentrum für Gottesdienst und Kirchenmusik der Evangelisch-lutherischen Landeskirche Hannovers und Referat für Projekte und Öffentlichkeitsarbeit im Haus kirchlicher Dienste in Hannover, 1984–1992 Gemeindepfarrer in Garbsen, 1992–1998 Studienleiter am Predigerseminar im Kloster Loccum, dann Referent für Liturgie und Musik im Evangelischen EXPO-Büro und Programmgestalter im Christus-Pavillon. Langjähriger Mitarbeiter beim Deutschen Evangelischen Kirchentag, beim Lutherischen Weltbund und beim Ökumenischen Rat der Kirchen. Verschiedenste Veröffentlichungen im Bereich Gottesdienst, Produktion verschiedener CD's (www.studiogruppe-baltruweit.de), Beiträge zu Liturgie und Inszenierung, Bücher wie die Reihe »Gemeinde gestaltet Gottesdienst«.

Christine Tergau-Harms, geb. 1963, Michaeliskloster Hildesheim, Evangelisches Zentrum für Gottesdienst und Kirchenmusik der Evangelisch-lutherischen Landeskirche Hannovers. Studium der Evangelischen Theologie in Kiel und Marburg. Aufbaustudium zum Master of Sacred Theology im Bereich Seelsorge und Beratung in Indianapolis/USA. 1993–2001 Gemeindepastorin in Horstedt, Weiterbildung zur Gestalt-Sozialtherapeutin. 2001–2004 Referentin für Geistliches Leben im Landesjugendpfarramt im Haus kirchlicher Dienste/Hannover. Herausgeberin der Zeitschift »Für den Gottesdienst«.

Liturgie kann mehr...

Bisher erschienen:

**Hinführungen
zu den biblischen Lesungen
im Gottesdienst**
€ 14,90
ISBN 3-7859-0901-2

**Lesungen und Psalmen
lebendig gestalten**
€ 16,90
ISBN 3-7859-0911-X

**Poetische Texte zu den
Lesungen im Kirchenjahr**
€ 14,90
ISBN 3-7859-0923-3

**Tagesgebete –
nicht nur für den
Gottesdienst**
€ 16,90
ISBN 3-7859-0928-4
Mit Foto-CD

Die Buchreihe *gemeinsam gottesdienst gestalten*
zeigt die Vielfalt liturgischer und musikalischer
Möglichkeiten, entwickelt alternative gottesdienstliche Sprachformen und fördert Spiritualität.

**Die Praxisreihe für alle, die in Kirche und
Gemeinde den Gottesdienst aktiv und kreativ
gestalten wollen.**

Lutherisches Verlagshaus GmbH
Postfach 3849 | 30038 Hannover

Inhaltsverzeichnis Foto-CD

1. Advent	GGG_01 / _40
2. Advent	GGG_02
3. Advent	GGG_03
Neujahr	GGG_04 / _05
2. So. n. Christfest	GGG_05
Epiphanias	GGG_05 / _06
1. So. n. Epiph.	GGG_08
2. So. n. Epiph.	GGG_09
4. So. n. Epiph.	GGG_10
5. So. n. Epiph.	GGG_11
Letzter So. n. Epiph.	GGG_05 / _06
Septuagesimae	GGG_12
Estomihi	GGG_13
Invokavit	GGG_14
Reminiszere	GGG_12
Okuli	GGG_15
Lätare	GGG_16
Palmsonntag	GGG_17
Karfreitag	GGG_18
Quasimodogeniti	GGG_19
Misericordias Domini	GGG_20
Kantate	GGG_21
Rogate	GGG_22
Exaudi	GGG_21
Trinitatis	GGG_23
1. So. n. Trin.	GGG_24
3. So. n. Trin.	GGG_25 / _59
7. So. n. Trin.	GGG_26
8. So. n. Trin.	GGG_27
10. So. n. Trin.	GGG_28
12. So. n. Trin.	GGG_29 / _62
13. So. n. Trin.	GGG_30
15. So. n. Trin.	GGG_31 / _43
16. So. n. Trin.	GGG_32
Erntedank	GGG_33
22. So. n. Trin.	GGG_34
Reformationstag	GGG_35
Drittletzter So.	GGG_36
Volkstrauertag	GGG_37
Bußtag	GGG_38 / _47
Ewigkeitssonntag	GGG_27
Abschied	GGG_39
Adventszeit	GGG_40
Alter(n)	GGG_41 / _48 / _64
Anfang	GGG_42
Angst	GGG_43
Augenblick	GGG_44
Befreiung	GGG_01 / _35 / _40
Einheit der Kirche(n)	GGG_45
Einschulung	GGG_46
Erlösung	GGG_47
Erneuerung	GGG_48 / _64
Ernte	GGG_50 / _60
Ferien	GGG_51
Frieden	GGG_52 / Friedenstaube
Gaben	GGG_46
Geist	GGG_53 / _50 / _60
Gemeinschaft / Gemeinde	GGG_45
Gewalt überwinden	Logo_Dekade
Glaubwürdigkeit	GGG_54
Güte	GGG_19
Herbst	GGG_55
Himmel	GGG_05
Israel / Palästina	GGG_56
Kind sein	GGG_57
Klage	GGG_58
Kultur/en	GGG_59
Licht	GGG_05
Liebe	GGG_59
Mission	GGG_17
Miteinander	GGG_40
Mittag	GGG_60
Mitte des Jahres	GGG_61
Nachfolge	GGG_62
Nacht	GGG_51
Orientierung	GGG_12
Reisesegen	GGG_63 / _61
Schule	GGG_46
Solidarität	GGG_34
Spuren	GGG_35 / _47
Stress	GGG_64
Tod	GGG_18
Umkehr	GGG_01 / _40
Unterwegs	GGG_61
Verbunden	GGG_25 / _59
Vertrauen	GGG_64
Wahl	GGG_14
Wahrheit	GGG_16
Weg	GGG_65
Wunder	GGG_66
Zeit	GGG_62

Nähere Hinweise finden Sie in »Lies mich« auf der Foto-CD.